ÉTUDE

SUR LE

SOCIALISME AGRAIRE

EN FRANCE

PAR

Georges PÉLISSONNIER

DOCTEUR EN DROIT

Juge suppléant près le Tribunal civil de Wassy

DIJON

LIBRAIRIE L. VENOT

1, place d'Armes, 1

—

1902

ÉTUDE

SUR LE

SOCIALISME AGRAIRE

EN FRANCE

PAR

Georges PÉLISSONNIER

DOCTEUR EN DROIT
JUGE SUPPLÉANT A WASSY

DIJON
LIBRAIRIE L. VENOT
1, place d'Armes, 1

1902

ÉTUDE

SUR LE

SOCIALISME AGRAIRE

EN FRANCE

AVANT-PROPOS

De tout temps, les misères et les inégalités sociales ont soulevé d'ardentes protestations et déterminé la pitié ; à toutes les époques, il s'est trouvé des esprits généreux pour chercher des remèdes aux souffrances humaines. Ainsi le socialisme naquit avec les hommes.

Mais, jusqu'au XIXᵉ siècle, les réformateurs sociaux ne prennent pas contact avec la réalité et n'ont qu'une connaissance très lointaine des classes malheureuses ; le rêve emplit leurs écrits, où passe le souffle d'une vive sensibilité.

Avec notre siècle, leurs systèmes se débarrassent peu à peu de la forme sentimentale ; ils essayent de prendre un point d'appui solide sur l'observation concrète des phénomènes économiques, ils revêtent l'aspect d'études véritables et scientifiques de la question sociale.

Le socialisme devient une doctrine économique.

En même temps, il donne naissance à un parti politique dont la force augmente tous les jours ; car, bien que la situation des classes inférieures s'améliore sans cesse, bien que les conditions tendent de plus en plus à s'égaliser, les misères humaines conservent néanmoins leur part au milieu de la prospérité générale ; et puis, la richesse excessive de quelques-uns, fruit du merveilleux essor économique de la période contemporaine, fait ressortir davantage la médiocrité des autres. La diffusion de l'instruction dans les classes laborieuses favorise aussi le développement du socialisme et l'hostilité de sentiments provoquée par la résistance des grandes forces conservatrices à certaines poussées qui leur semblent menaçantes, incline volontiers vers lui une partie de l'élite intellectuelle.

Mais si les rangs des socialistes s'épaississent, et si leur doctrine n'a cessé de gagner en complexité et en apparences scientifiques, elle semble bien reposer sur une fausse interprétation des faits, sur une conception erronée des nécessités économiques, et l'on peut justement redouter que la témérité des moyens conçus pour réaliser l'égalité dans le bonheur universel, produise tout autre chose que les résultats escomptés.

Les abus de notre époque, disent-ils, sont le fruit de l'anarchie économique qui règne dans la société ; on ne peut les faire cesser qu'en organisant celle-ci. Cette organisation artificielle serait établie par voie d'autorité, et c'est l'État qui présiderait à son fonctionnement.

Nous craignons que l'État ne puisse remplir cette mission au mieux de l'intérêt général. Non qu'il faille subir l'entraînement d'un amour exagéré de l'individualisme et restreindre son rôle outre mesure. Il ne doit pas être considéré comme un mal nécessaire ni comme un simple producteur de sécurité, — sa tâche est plus haute et plus large. — Mais son action ne doit pas entraver les énergies individuelles ; elle ne doit intervenir, au contraire, que pour leur servir d'appui.

Or les socialistes croient utile de les étouffer, ainsi que de heurter les sentiments fondamentaux qui les animent et d'enfreindre les lois naturelles qui gouvernent les phénomènes économiques.

Au moins, si leur théorie manque de base solide et

semble devoir conduire à de funestes résultats, sa
rigueur doctrinale, jusqu'à ces derniers temps, n'avait
pas eu trop de défaillances.

Mais il y a quelques années, les socialistes français
ont édifié à l'usage de l'agriculture, qu'ils avaient depuis
longtemps laissée dans l'ombre, un système particulier
qui présente d'apparentes contradictions avec les principes généraux dont ils se réclament.

C'est ce système que nous nous proposons d'étudier.
Il contient un programme transitoire applicable au
régime capitaliste, puis une organisation définitive
devant prendre vie à l'instauration du collectivisme.

Il a déchaîné de violentes critiques contre ses auteurs.

On les accusa de n'avoir vu en lui qu'un instrument
électoral, produit de l'opportunisme le plus criant,
destiné à rallier à leur cause les habitants des campagnes.

Que ce reproche soit ou non mérité, il ne convient
pas de lui attribuer une importance excessive, ni, certainement, à l'exemple de certains, de le juger suffisant
pour déconsidérer les socialistes et toute leur doctrine.
Ceux-ci pourraient répondre, si l'élévation du but final
qu'ils se proposent d'atteindre n'excusait amplement
cette prétendue faiblesse, que les théories économiques
ou sociales ne sont pas naturellement figées et qu'il ne
faut pas craindre de leur faire subir les modifications
rendues nécessaires par une meilleure observation des
faits.

En tous cas, cette partie spéciale de leur doctrine,
pas plus que leur doctrine générale, ne doit pas être
rejetée a *priori*. L'œuvre des socialistes est loin d'être
indigne de tout examen. Outre qu'elle témoigne ordinairement d'une grande profondeur d'esprit, la sincérité indiscutable des convictions générales qui s'y
affirment, constitue pour elle une recommandation suffisante.

Et l'on ne peut que rendre hommage à la qualité des

sentiments qui l'inspirent et la vivifient : pitié profonde pour ceux qui souffrent; amour de la justice; foi dans l'avenir.

Sans doute, les socialistes n'ont pas le monopole de ces sentiments élevés. Mais ils mettent avec un dévouement particulier leur activité au service des malheureux.

Par là, en même temps qu'ils s'attirent l'estime et la sympathie de leurs adversaires eux-mêmes, ils remplissent un rôle bienfaisant. On ne peut nier que les institutions et les lois récentes qui adoucissent les souffrances très vives des classes ouvrières, ne soient pour beaucoup leur œuvre. Quel qu'il doive devenir, le socialisme ne laissera pas d'avoir mérité une large reconnaissance de la part de l'humanité. A force de peindre les misères sociales avec les couleurs les plus vives, il a conduit les hommes à en chercher la solution ou l'adoucissement : il nous a persuadé que la Révolution n'avait pas tout fait et qu'il ne convenait pas de rester hypnotisé devant son œuvre, que le problème social était le plus considérable, le plus urgent de tous et qu'il fallait y appliquer sans cesse toute son attention.

Dans cette voie, tous les hommes généreux doivent se laisser entraîner et accorder franchement leur appui aux socialistes. Car, si l'espoir de réaliser intégralement la justice idéale dans les lois après la ruine totale de notre économie présente peut sembler chimérique, on doit s'efforcer de faire aux déshérités une situation toujours meilleure dans les cadres de notre société.

C'est d'ailleurs, en même temps qu'une entreprise très noble et très féconde, le plus sûr moyen d'empêcher la réalisation du socialisme intégral.

PREMIÈRE PARTIE

DATE RÉCENTE DU SOCIALISME AGRAIRE EN FRANCE

———

Le « Socialisme agraire », en tant qu'application particulière de la doctrine socialiste, est de date récente.

Non pas que les réformateurs sociaux aient attendu jusqu'à la fin du XIXᵉ siècle pour battre en brèche la propriété privée du sol. Celle-ci fut, au contraire, le premier objet et longtemps le seul, des revendications et des haines. Car c'est elle qui, prenant la place du communisme archaïque, engendra les premières inégalités sociales. Le socialisme naquit avec elle.

Dans un état économique à ses débuts, c'est la terre, en effet, qui constitue l'élément fondamental de la richesse. Ceux qui la possèdent ont le bonheur et l'abondance au sein de l'oisiveté ; les autres peinent sur elle et ne récoltent que la misère. La fortune mobilière n'a pas encore pris naissance. Existerait-elle déjà, que les hommes ne songeraient sans doute pas encore à en proclamer l'illégitimité ou que leur esprit manquerait de la subtilité nécessaire pour le faire avec une apparence de raison. Tout au contraire, la propriété privée de la terre ne semble-t-elle pas manifestement inique ? Ne paraît-elle pas l'être d'autant plus, aux époques primitives, qu'elle se trouve monopolisée par quelques puissants, que sa constitution est plus récente, que le travail humain a eu moins le temps de s'y appliquer et de l'améliorer ? Est-ce que certains hommes ont pris une part quelconque à sa création ? N'est-elle pas comme nous-mêmes une chose naturelle? N'est-ce pas l'héritage primitif de l'espèce humaine? Ne semble-t-elle pas avoir été mise autour de notre berceau comme un élément nécessaire à notre existence, sur lequel, tous, nous devrions toujours pouvoir vivre, exercer nos facultés, nous développer sans obstacle?

Les premiers coups furent donc dirigés contre elle. Les revendications sociales se manifestèrent d'abord sous la forme agraire.

Mais elles ne prirent, elles ne pouvaient prendre que cette forme. En sorte que le socialisme et le socialisme agraire se confondaient. Celui-ci n'était pas un aspect particulier du socialisme : il était tout le socialisme.

C'est dans cet état que, longtemps, il alimente les études des philosophes et des rhéteurs. Lui seul trouble l'esprit des malheureux ; c'est en son nom qu'ils exhalent leurs plaintes. C'est lui qui provoque les mouvements sociaux des Albigeois, des Jacques, des Croquants, des Pastoureaux.

A la communauté des terres est attaché non seulement le bonheur des hommes, mais aussi leurs qualités d'esprit et de cœur. Sa disparition a été la source unique des misères et des vices humains. Les littérateurs du xviiie siècle ont foi dans cette vertu merveilleuse. C'est ce socialisme qu'ils exaltent, lorsqu'ils réservent dans leurs ouvrages une place considérable à de philosophiques discussions, où les Hurons, les Iroquois et autres sauvages se signalent par l'élévation de leurs discours, et, grâce à leur remarquable dialectique, mettent leurs contradicteurs français dans le plus grand embarras. C'est à lui que les pères jésuites rendent hommage lorsqu'ils établissent leurs fondations du Paraguay.

Cependant, peu à peu, à côté de la terre se glisse un nouvel objet de revendications sociales. Déjà, depuis le Moyen-Age, le commerce s'était attiré quelques véhémentes attaques. Avec notre siècle, la disparition du régime corporatif, les progrès techniques, les découvertes de la science donnent à l'industrie un remarquable développement. L'activité économique se déplace; elle tend à délaisser la terre et s'applique à l'industrie chaque jour dava age. C'est la richesse mobilière qui va devenir de plus en plus l'élément prépondérant des fortunes individuelles en même temps que la source principale des inégalités sociales. C'est contre elle surtout, c'est contre la propriété industrielle que va se diriger désormais l'effort des socialistes; la terre n'est plus que l'objet accessoire de leurs préoccupations.

Elle reste cependant englobée dans leurs systèmes. Seulement, dans le coin où elle se trouve reléguée, elle disparaît derrière l'importance de l'industrie. Sa sœur cadette, pleine de jeunesse et de force, va la faire complètement oublier.

A cette époque, cependant, deux théoriciens socialistes, Fourier et Louis Blanc, accordent, le premier surtout, une très large place à la propriété de la terre, ou, plus exactement, à l'agriculture. Leurs systèmes agraires ont en effet ceci de commun qu'ils sont dépourvus de tendances socialistes très caractérisées. A vrai dire, ils ne s'attaquent pas à la propriété privée du sol ni à ses détenteurs. Le but de leurs efforts n'est pas précisément d'améliorer la condition de certaines classes agricoles malheureuses, mais de rénover l'agriculture. Ce qu'ils veulent, c'est faire sortir de routine les cultivateurs français et guérir l'anémie de la production agricole.

Ils apparaissent ainsi, à ce point de vue, plutôt comme des agrariens que comme des socialistes.

Examinons cette partie spéciale de leur système, en raison de son importance même.

Le système agraire de Fourier.

Dieu, qui chérit ses créatures, a dressé un plan qui doit assurer le bonheur de tous ici-bas.

Mais, jusqu'alors, les hommes ont été incapables de découvrir ce plan social divin, et c'est pourquoi leur condition n'a jamais cessé d'être misérable.

Fourier, par bonheur, est parvenu à le trouver grâce à de savants calculs et d'incessantes recherches. « Moi seul, j'aurai confondu vingt siècles d'imbécillité politique, et c'est à moi seul que les générations présentes et futures devront l'initiative de leur immense bonheur. Avant moi, l'humanité a perdu plusieurs mille ans à lutter contre la nature ; moi, le premier, j'ai fléchi devant elle en étudiant l'attraction, organe de ses décrets ; elle a daigné sourire au seul mortel qui l'ait encensée ; elle m'a livré tous ses trésors » (1). Et, le Livre des Destins en mains, il va dissiper les ténèbres et élever la théorie de l'harmonie universelle.

L'attraction, c'est-à-dire le mécanisme qui fait mouvoir le monde planétaire, sert aussi de moteur au monde social. Elle se révèle ici par l'existence des passions, forces spontanées, qui dirigent chaque individu, pour son plus grand bien, vers un but déterminé ; c'est « l'attraction passionnelle ». Il faut se garder de lui mettre la moindre entrave ; à son libre et large développement est en effet attaché le bonheur des hommes ; elle doit conduire en toute liberté le mouvement économique et social.

Si l'état de choses actuel, qu'on désigne sous le nom de « civilisation », est si pitoyable, c'est que les législateurs ont cru que les passions étaient mauvaises et se sont toujours efforcés d'en gêner l'essor. Ainsi déviées de

---

(1) Fourier : *Théorie des quatre mouvements*, p. 285.

leur véritable fin, au lieu d'être les instruments du progrès, elles ont été la cause de désordres et de ruines sans nombre.

Il faut abandonner ses errements et que le *mécanisme sociétaire* ou *sériaire*, c'est-à-dire la combinaison qui assure le libre jeu des passions au sein d'associations savamment organisées et doit produire l'harmonie universelle, devienne le moteur unique et tout-puissant de l'activité des hommes.

Il existe dans la nature humaine douze passions motrices, dont trois jouent un rôle principal, ce sont : 1º la papillonne, qui est le besoin du changement et de la variété ; 2º la cabaliste, qui est le goût de l'intrigue et de la rivalité, source de l'émulation ; 3º la composite, qui cherche sa satisfaction dans un plaisir composé des sens et de l'âme.

L'ordre sociétaire se conforme aux impulsions de tous ces ressorts passionnels ; il les utilise avec une merveilleuse habileté. A la base du système se trouve un élément simple : le *groupe*, qui peut revêtir quatre aspects différents, du fait de la diversité des sentiments susceptibles de réunir les hommes et qui sont l'amitié, l'ambition, l'amour et le sentiment de la famille. Ces groupes ne sont jamais *subversifs*, mais toujours *harmoniques*, parce que leurs membres sont réellement liés par la passion apparente qui les domine, tandis qu'aujourd'hui les amis qui se réunissent n'ont de l'amitié que le masque et sont tout pétris d'égoïsme.

La ligue de ces groupes constitue la *série passionnelle* dont les membres, unis par une passion dominante commune, la culture de tel légume, par exemple, *réussissent d'autant mieux qu'ils sont plus différents par l'âge, le caractère, la fortune.* En outre, ils doivent faire partie du plus grand nombre possible de séries, « *engrener de l'une à l'autre* », et non pas se cantonner dans l'une d'elles, afin d'atteindre au vrai succès passionnel ; car leur travail se trouvant ainsi doué du maximum d'attraits, acquiert en même temps la plus grande productivité.

Enfin les séries elles-mêmes se groupent et forment la *phalange*, composée de 1.500 personnes environ, élément parfait du monde sociétaire.

Ces 1.500 personnes qui vivent en commun dans un palais, le phalanstère, dont l'économie est une merveille, à quel objet appliquent-elles leur activité?

Pas au *commerce*, en tout cas. « D'accord avec Jésus-Christ qui s'arma de verges pour chasser les marchands, et leur dit avec toute la franchise évangélique : « Vous avez fait de ma maison une caverne de voleurs » (1), les anciens vouaient les marchands au mépris et les confondaient avec les larrons ; ils plaçaient l'état mercantile dans le voisinage de l'infamie, et saint Chrysostome affirmait qu'il ne pouvait être agréable à Dieu.

Admirons la nature dans les impulsions générales qu'elle donne au genre humain. Sans doute, les anciens exagéraient quelque peu. Mais leur façon d'envisager le commerce doit certainement, en tout cas, être acceptée de préférence à celle qui prévaut aujourd'hui. Les négociants sont des agents parasites et improductifs, « des corsaires industriels » (2), qui dominent le corps social et vivent aux dépens des véritables producteurs. Grâce aux énormes capitaux, ainsi qu'à la puissance politique dont ils disposent, ils tendent à reconstituer la féodalité sous une forme nouvelle.

Ce n'est pas *l'industrie* non plus qui doit absorber les efforts des sociétaires. Bien qu'elle ne mérite pas les sévères reproches justement adressés au commerce, elle ne saurait toutefois tenir qu'une place très réduite dans les occupations phalanstériennes. L'homme ne possède en effet qu'une dose d'attraction très minime pour les travaux industriels, qui n'entrent pas dans le plan divin,

---

(1) Fourier : *Œuvres choisies* (Guillaumin), p. 73.
(2) *Ibid.*, p. 75.

sont ordinairement rebutants, et d'ailleurs, en grande partie inutiles: car, dans notre société anarchique et barbare, nous assistons à une déperdition économique considérable. Un exemple : écrit-on au ministre, on fait usage d'un papier d'ample dimension dont les trois-quarts restent inutilisés « et le ministre, par spéculation fiscale, répond deux lignes sur une feuille d'une aune de long » (1). Cela ne peut évidemment se passer ainsi chez les *Harmoniens*, imbus du principe qu'il n'y a pas de petites économies. Les industriels d'à-présent ont le plus grand intérêt à provoquer de fréquents changements de mode et à fabriquer de mauvais produits pour multiplier la consommation. Ce faisant, ils s'enrichissent ; mais cela se traduit, en définitive, par une perte pour la société. En *Harmonie*, au contraire, la bonne qualité des objets qui assure leur durée, les économies résultant de la vie en commun, la simplicité des mœurs se substituant aux caprices ruineux de la mode, réduisent au minimum la consommation des produits industriels. Ainsi, les manufactures ne doivent être envisagées que comme le complément des exploitations agricoles. Elles doivent simplement permettre de faire diversion aux calmes passionnels, inhérents à la longue fériation d'hiver et aux pluies équatoriales.

C'est en effet *l'agriculture qui est la vocation naturelle de l'homme*, comme elle est aussi la condition essentielle de son existence. Si les amorces manufacturières sont chez lui en faible quantité, la dose des amorces agricoles est illimitée. Et l'on ne peut que s'extasier devant l'œuvre de Dieu qui a mis en nous une attraction si considérable pour les travaux des champs, d'où sortent des objets dont la consommation ne peut être réduite, puisqu'elle donne satisfaction aux besoins fondamentaux de la nature humaine.

C'est donc à la production agricole qu'il convient de

(1) Fourier : *Op. cit.*, p 216.

s'attacher surtout ; c'est elle qui doit être le pivot de toute la production.

S'il faut donner à l'agriculture une place prépondérante, *il n'est pas moins nécessaire d'y introduire les plus radicales transformations.* Car elle est, actuellement, en pleine sauvagerie.

D'abord, les civilisés n'entendent rien à la gestion des eaux et forêts. Ils manient inconsidérément la cognée et détruisent les sources. L'utilité remarquable des opérations de reboisement, d'irrigation, de dessèchement, judicieusement entreprises, ne frappe pas leur esprit ; de la sorte, ils causent le désordre du système aquatique et détériorent les climatures, au lieu d'adoucir, d'assainir, de raffiner l'atmosphère, de prévenir les excès de chaud et de froid ; par là, de bénéficier « d'une perfection universelle de culture ».

Ils ne se montrent pas plus sages en ce qui touche le degré d'importance qu'il convient d'attribuer à la production des diverses denrées. Tout leur système alimentaire roule communément sur un seul comestible : le froment. Or, cette vorace graminée exige des superficies énormes, des travaux très peu attrayants parce qu'ils sont des plus pénibles, et ne fournit finalement qu'un aliment peu flatteur pour le goût, qui se transforme en « ordures, bonnes tout au plus pour des civilisés » lorsqu'il n'est pas consommé presque aussitôt après sa fabrication.

De quel côté la production agricole doit-elle être dirigée ? C'est encore l'attraction qui va nous renseigner pour notre plus grand bien, en nous indiquant quels aliments doivent former le fond de notre consommation journalière. Présentez, en effet, aux enfants du pain, des fruits, du sucre, leur choix sera vite fait : ils se disputeront le sucre et les fruits et dédaigneront le pain. Les civilisés donnent à cette préférence le nom de gourmandise et la considèrent comme un vice. Ils s'efforcent de la contrarier et crient victoire lorsqu'ils

y parviennent. Or, il n'est pas de penchant, non seulement plus naturel, mais aussi plus heureux et plus
précieux, car la production des fruits et du sucre n'exige
pas de travaux fatigants; elle est, en outre, beaucoup
moins dispendieuse que celle du blé ; bien plus, ces
aliments ont l'avantage de conserver pendant très longtemps leur agréable saveur. Loin d'en entraver la consommation, il faut donc au contraire la développer soit
sous leur forme simple, soit unis entre eux sous la forme
de confitures, compotes, marmelades.

Ils constitueront ainsi, avec le laitage, les légumes,
la viande, le miel, le poisson, comestibles préférés de la
généralité des hommes, la principale ressource des
peuples.

En conséquence, l'Harmonie doit tendre à multiplier
considérablement les troupeaux, volailles, pâturages,
vergers, à développer l'apiculture et la pisciculture,
afin d'obtenir sur des surfaces relativement petites, des
aliments abondants, variés et savoureux, et « réduira
beaucoup ces immenses et tristes champs de blé que
présentent les campagnes civilisées » (1).

*Dans ces limites, comment la production est-elle orga-
nisée?*

A ce point de vue, les civilisés sont aussi primitifs
qu'en ce qui concerne les productions à développer.
Les obstacles rencontrés par les passions, l'action isolée
des différents travailleurs font les paysans malheureux
et les récoltes maigres; et l'on ne peut s'empêcher de
sourire à entendre les poètes, en leurs arlequinades
pastorales, vanter les délices ineffables et les charmes
actuels des plaisirs champêtres! — La réalité nous
montre des ouvriers exposés au soleil et au froid, souf-
frant la faim et la soif, « qui mangent tristement une
croûte de pain noir, avec un verre d'eau et, en s'isolant
chacun de son côté, parce que celui qui a un morceau

(1) Fourier : *Op. cit.*, p. 98.

de lard rance ne veut pas le partager avec son voisin » (1). Ce sont là des voluptés touchantes !

Et cet état de dures privations matérielles n'est pas
moins « insipide pour l'âme ; en effet, 300 familles d'une
bourgade cultivant 300 carreaux de choux, n'auront
dans ce travail, aucun stimulant pour l'amitié, l'amour,
l'ambition, pas plus que pour la composite, car les
travailleurs ne sont mus que par le triste véhicule
d'échapper à la famine ; il n'y a dans le jardin chétif et
barricadé aucun charme pour l'esprit ni les sens » (2).

Ces vices inhérents à notre société qui font aux
ouvriers une situation misérable, sont autant d'atteintes
indirectes à la production.

Ce ne sont pas les seules. Car, point de *cabaliste* : le
paysan ne songe pas aux rivalités de perfectionnements,
mais seulement à remplir sa pauvre marmite ; pas de
papillonne : « il ne pourra varier sur les espèces, ni
savourer pendant le cours de l'année cent sortes de
choux, tant de son canton que des cantons voisins ;
variétés qui seraient chaque jour une amorce de plus
pour le cultivateur » (3).

L'action morcelée et incohérente, la culture par travailleur isolé est la cause principale de tous ces maux.

Et ce sont ses moindres vices, car cette méthode civilisée porte en elle-même de nombreux germes de désor-
ganisation dont chacun suffirait à lui seul pour engendrer une foule de désordres » (4), ce sont :

1° La mort du producteur, qui vient arrêter brusquement les entreprises ;

Or, les séries, elles, ne meurent jamais.

2° L'inconstance, ennemie de la perfection et de la
stabilité ;

Les séries ignorent la versatilité.

(1) Fourier : *Op. cit.*, p. 92.
(2) *Ibid.*, p. 93.
(3) *Ibid.*, p. 93.
(4) *Ibid.*, p. 106.

3° Le contraste de caractère du père au fils, du dona-
teur à l'héritier, qui fait abandonner ou dénaturer les
travaux commencés ;

Les séries sont exemptes de ce vice, parce qu'elles
s'assemblent par affinité de penchants et non par lien
de consanguinité.

4° L'absence d'économie mécanique ;

Il faut des masses nombreuses pour mécaniser tous
les travaux.

Ainsi les séries élèvent nécessairement la mécanique
au plus haut degré.

5° La fraude ou le larcin, vices inhérents à toute
entreprise où les agents ne sont pas intéressés aux résultats ;

6° L'intermittence d'industrie, c'est-à-dire le manque
de travail, de terres, d'instruments, qui paralysent à
chaque instant la production civilisée ;

Le régime sociétaire, constamment et copieusement
pourvu de tout ce qui est nécessaire à la perfection et
à l'intégralité des travaux, ignore ces entraves.

7° Le conflit des entreprises. Les rivalités civilisées
sont malveillantes et non émulatives ;

8° La contrariété de l'intérêt individuel avec le collectif, comme dans le ravage des forêts et la dégradation
des climatures ;

9° L'absence d'unité dans les plans et l'exécution ;

10° Le travail salarié ou servage indirect, gage d'infor-
tune, de désespoir et de persécution.

11° La perte de temps, de santé, de main-d'œuvre, de
machines ; le gaspillage d'argent et de capitaux.

Voilà les nombreux ennemis au milieu desquels se
débat la misérable production agricole de la civilisation. Est-il possible d'admettre que Dieu ait entendu
prescrire le travail morcelé ? On ne peut le soupçonner
d'avoir préféré « un océan d'absurdités à un océan de
perfections. »

La *production sociétaire* peut, seule, créer l'abondance

et le bonheur : *après avoir combiné les passions, il est nécessaire de combiner les efforts.*

Le capital de la phalange est constitué par les apports des membres qui la composent. Car si l'exploitation est collective, la propriété reste individuelle.

Chacune d'elles doit exploiter un terrain d'une forte lieue carrée, pourvu d'un beau courant d'eau, coupé de collines et propre à des cultures variées.

Elle est « dirigée par un aréopage d'experts, de patriarches et autres gens exercés (1) » qui doivent se garder de ces entreprises aventureuses, qui attirent généralement les particuliers. Si, par hasard, ils veulent se livrer à quelque tentative qui sort du cercle des opérations habituelles, ils notifient cette intention à chaque sociétaire qui a la faculté de se retirer, en réalisant les actions qu'il peut posséder.

Tout est mis en œuvre pour rendre le *travail attrayant* et lui donner ainsi une capacité productrice qu'on n'imagine pas.

Quelles sont *les conditions du travail sociétaire?*

1º Le salariat est supprimé. — Chaque travailleur est rétribué par une part dans les bénéfices, selon le capital qu'il a versé, son travail et le talent qu'il déploie.

Cette part est calculée sur le produit du travail de toute la phalange, de sorte que chaque série n'a aucun avantage à faire prédominer son intérêt personnel, au préjudice des autres.

Aujourd'hui le travail est essentiellement rebutant. Il est vraiment une punition pour l'homme. L'ouvrier, généralement soumis à un labeur épuisant et pour lequel il manque d'aptitude, loin d'en recueillir le fruit, dont son maître bénéficie seul, ne touche qu'un salaire à peine suffisant pour le faire vivre. Aucune gratification, aucun « avancement » ne vient récompenser son activité. En outre, il est méprisé et traité de gueux.

(1) Fourier : *Op. cit.*, p. 199.

Il serait oiseux d'insister sur les avantages de la transformation prochaine, en particulier, sur le stimulant que donnera l'extension de la propriété à tous les hommes.

2° *La division du travail est poussée jusqu'à ses dernières limites.* Si l'agriculture ordinaire ne se prête pas très bien à la division du travail, il en est tout autrement de la culture maraichère ou horticole à laquelle le régime harmonien réserve la plus large place : la phalange se divise par exemple en 135 séries chouvistes, ravistes, cerisistes, se subdivisant elles-mêmes en autant de groupes et de sous-groupes qu'il y a de variétés dans chaque espèce. Ainsi les travailleurs acquerront la plus grande dextérité.

3° *Les travaux sont variés et alternés* environ huit fois par jour, car l'enthousiasme ne peut se soutenir plus d'une heure et demie environ dans l'exercice d'une même fonction.

C'est la seule façon d'éviter la fatigue et le dégoût, d'entretenir la gaieté et l'entrain chez les Harmoniens en satisfaisant aux exigences de la papillonne.

Il n'y a d'ailleurs rien là d'incompatible avec la division du travail, car le même homme peut très bien se spécialiser dans plusieurs branches différentes.

Voici quel est l'emploi de la journée de travail au mois de juin, par exemple.

à 3 heures 1/2, lever, préparatifs ;

4	—	séance à un groupe des écuries ;	
5	—	—	— jardiniers ;
7	—	déjeuner ;	
7	—	1/2, séance au groupe des faucheurs ;	
9	—	1/2, —	— légumistes sous tente ;
11	—	séance à la série des étables.	

L'après-midi, séance au groupe des serres fraiches, des mérinos ou des plantes exotiques, à la série d'arrosage, à celle des silvains, etc.

2

4° Les cultures devront présenter à l'ouvrier les appâts de l'élégance et de la propreté.

Grâce à cette merveilleuse organisation, le travail est débarrassé de toutes les entraves qui le gênent aujourd'hui, et de même qu'il fait depuis longtemps le bonheur des fourmis, des abeilles et des castors, il doit être pour les Harmoniens la source de suprêmes délices.

Comment s'opère la répartition de l'énorme quantité de produits ainsi obtenus ?

« L'ordre civilisé ne sait répartir équitablement que sur le *capital* (1).» Rien n'est d'ailleurs plus facile ; mais il faut aussi « satisfaire chacun sur le *travail* et sur le *talent.*» Cet art, toujours ignoré jusqu'ici, est une des marques caractéristiques de l'état sociétaire. Désormais l'équité va régner dans la rétribution de chacun ; la répartition se trouve admirablement « équilibrée et graduée en raison des trois facultés industrielles : capital, travail, talent. »

A leur entrée dans la phalange, les associés apportent les capitaux qu'ils peuvent posséder. En échange, on leur délivre des *actions* auxquelles est servi un dividende représentant les 4/12 du produit de l'exploitation.

Mais toutes ces actions ne sont pas soumises à un régime uniforme. Elles sont divisées en trois classes : pour les unes, le dividende est égal au moins au tiers du capital ; pour les autres, il est un peu moindre ; pour les dernières il n'est pas supérieur au taux normal d'à présent, 5 ou 6 %. Les premières, qui reçoivent le nom d'actions « ouvrières », ne sont attribuées qu'aux petits capitalistes ; les secondes, les actions « foncières », aux moyens ; les troisièmes, actions « banquières », aux grands capitalistes. De cette façon, à l'inverse de l'état de choses actuel, les petits capitaux rapportent beaucoup plus que les gros ; il est infiniment plus facile aux

(1) Fourier : *Op. cit,* p. 189.

pauvres de commencer leur fortune qu'aux riches de l'augmenter.

Le *travail* reçoit les 5/12 du produit de l'exploitation.

Le *talent* reçoit le reste, 3/12.

Peut-être, si l'on compare la situation qui est faite au capital et au travail, aux parts respectives qu'ils recueillent actuellement, trouvera-t-on que le premier est un peu favorisé aux dépens du second. Mais cela n'a pas la moindre importance : d'abord, la jalousie de la classe ouvrière ne peut être excitée puisqu'elle a toute facilité pour accéder au capital. Et puis, la production devenant surabondante, grâce à l'habile organisation du travail et aux économies considérables réalisées par la vie en commun, la part de tous est considérablement augmentée, en sorte que les inégalités de répartition sont désormais question secondaire.

En outre, un certain *minimum d'entretien*, de nourriture, de logement, de distractions même, minimum modeste, mais « fort décent », est garanti à chacun des membres de l'association. C'est la conséquence du droit reconnu par Jésus-Christ à tout homme de prendre, lorsqu'il a faim, ce qui lui est nécessaire, en quelque endroit qu'il se trouve.

Aussi bien, si l'état sociétaire n'assurait pas ce minimum, il ne connaîtrait pas la bonne harmonie ni par conséquent le succès, car les pauvres le troubleraient sans cesse par la malveillance, le vol, la rébellion. Il n'est d'ailleurs pas à craindre que ce soit là une prime à la paresse et à l'oisiveté, puisque les sociétaires travaillent par plaisir et par passion. Les infirmes seuls doivent vivre sans rien faire, et c'est d'ailleurs leur plus dure privation.

Critique du système agraire de Fourier.

A la vérité, ce système n'a pas une teinte socialiste
bien marquée et l'on se trouve vraiment embarrassé
lorsqu'on essaye de découvrir les points auxquels il peut
être rattaché à la tradition socialiste. Les bases fondamentales du monde sociétaire ne sont pas plus socialistes que les sentiments de son auteur.

Fourier cherche, en effet, à réformer la société, ce n'est
pas la contemplation de la misère des classes inférieures
qui l'y engage; le contraste de leur situation avec celle
des bourgeois capitalistes ne l'émeut pas sensiblement.
Ce qui le révolte, c'est que les hommes sachent si mal
tirer parti des dons remarquables que Dieu a mis en eux,
et persistent à vivre dans une pitoyable médiocrité, en
s'obstinant à suivre les errements qui ont déjà fait le
malheur de leurs premiers ancêtres.

Selon lui, *c'est le mode de production qu'il faut s'attacher à réformer bien plutôt que le mode de répartition.*
Il existe une question sociale, mais qui tient à l'insuffisance des richesses et non à l'inégalité des conditions
humaines. Bien plus, loin que celle-ci soit une mons-
truosité, elle doit être maintenue à tout prix, car elle
est une condition essentielle d'une bonne production.

Il ne songe pas à mettre en doute la légitimité de la
propriété privée qui trouve en lui un ardent défenseur.
Il proteste de son respect et de son dévouement pour les
gros capitalistes.

Son système n'a pas le moindre caractère révolutionnaire. Il se résout finalement en de simples modifications dans le fonctionnement actuel de l'entreprise économique, dont il conserve les facteurs fondamentaux.
Il supprime, il est vrai, le salaire, mais on ne sait trop
pourquoi, puisqu'il réduit la part que le travail recueille
actuellement.

Au fond, il ne détruit rien ; il réunit. Il associe les inégalités et les capitaux privés. S'il transforme quelque peu la situation des capitalistes, c'est pour leur plus grand avantage : l'intérêt modique qu'ils touchaient est remplacé par un dividende important ; ils deviennent des actionnaires très favorisés. Leurs biens fonciers, qui sont mobilisés, deviennent beaucoup plus souples, d'une circulation bien plus facile, d'une réalisation gratuite et instantanée.

Son but n'est pas l'égalisation des classes par l'abaissement des unes et l'élévation des autres ; il prétend améliorer la situation de la société tout entière, sans distinction, grâce à la découverte merveilleuse qu'il a faite.

Il en résulte qu'au lieu de faire appel aux humbles, pour assurer le triomphe de son organisation, il s'adresse surtout aux riches, qu'il essaye d'entraîner en faisant miroiter devant eux les nombreux avantages personnels à réaliser dans l'opération.

Il offre une certaine ressemblance avec un commis-voyageur en constitution de société, qui fait une réclame habile pour placer ses actions et prétend séduire les capitalistes par l'appât de gros dividendes.

Il ne doute d'ailleurs pas de son succès. Sa foi est si vive, qu'il s'impose l'obligation de rester chez lui tous les jours jusqu'à midi, afin de ne pas manquer les clients qui pourraient se présenter. Les exigences de la vie l'ont contraint à s'engager au service d'un industriel dont il place les produits chez de multiples commerçants qu'il visite. L'ordre sociétaire possède de si remarquables qualités, qu'il estime superflu d'aller au-devant des amateurs ; c'est dans son cabinet qu'il les attend, pour leur donner sa consultation et recevoir leurs commandes.

Fort de cette inébranlable confiance, il refuse d'appeler la contrainte à son aide pour fonder son organisation ; et ce n'est pas un des traits les moins remarquables qui le séparent du socialisme. Le régime nouveau doit reposer uniquement sur l'attrait; les volontés individuelles librement agissantes en seront les seules ouvrières; l'État ne doit pas intervenir, ni pour mettre en branle la machine ni pour en surveiller ou en diriger les rouages. Elle s'imposera d'enthousiasme; puis une fois en mouvement, elle ne recevra d'autre impulsion que celle des lois naturelles qui gouvernent si merveilleusement les phénomènes du monde social comme ceux du monde astral. Aucune entrave ne doit être mise à la liberté des individus.

Fourier maintient les inégalités qui divisent les hommes, il respecte la propriété privée comme l'hérédité, se fait le champion du capitalisme, rejette l'action de l'État et se moque des théories communistes : son système est vraiment un système bourgeois.

Où sont ses marques socialistes?

Certains collectivistes modernes, éclairés sur les exigences de la production, se donnent le plus grand mal pour y faire une place à l'intérêt personnel. Fourier reconnaît à celui-ci une valeur particulière; il proclame qu'il est le principal ressort de la production; mais, comme eux, il est assez gêné lorsqu'il essaye d'indiquer comment il se manifestera; comme eux, il lui donne l'assurance de son entière sollicitude, mais après l'avoir préalablement étranglé. D'abord les ouvriers Harmoniens ne recueillent que les 4/12 du produit de leurs efforts; en somme, ils travaillent surtout pour la classe des capitalistes dont la majeure partie sera constituée, sans doute, par les oisifs actuels, qui songeront d'autant moins à prendre part à la tâche commune qu'on leur servira un dividende particulièrement élevé. Et puis, chacun ne reçoit pas le fruit immédiat de ses efforts, puisque sa quote-part est prélevée sur l'ensemble des bénéfices. Or, c'est un stimulant singulièrement affaibli que celui d'un intérêt personnel qui s'exerce collectivement et indirectement.

Fourier paraît surtout s'être préoccupé d'amortir les

conflits qui pourraient s'élever entre l'intérêt personnel et l'intérêt collectif. Il faut reconnaître qu'il semble y avoir réussi. Mais il a si intimement mêlé le premier au second, il l'a si bien bridé qu'il lui rend tout mouvement impossible.

Il se rapproche des socialistes par d'autres traits secondaires d'une ressemblance plus flatteuse. Comme eux, il fait le procès de l'état social actuel; seulement il n'use pas des mêmes moyens. Ce n'est pas en effet contre les bourgeois, ou contre les désordres de la production et de la répartition qu'il fulmine, c'est surtout contre l'insuffisance de la production qui fait le malheur de tous.

A la manière des socialistes aussi, il manifeste le plus serein optimisme pour la société future. Il est fermement persuadé que son organisation sera la source d'une production surabondante et que les hommes regorgeront de richesses et de délices.

Ce sont là des opinions inoffensives. Il est vrai qu'à certains points de vue, il dépasse de beaucoup les collectivistes modernes. C'est ainsi qu'après avoir maintenu la propriété privée pour les moyens de production, il la supprime pour les moyens de consommation. En outre, il assure à tous les sociétaires un minimum d'entretien qui ne sera pas, quoi qu'il en pense, un stimulant très efficace pour l'activité des producteurs.

Mais *la production sociétaire subira bien d'autres entraves*, et vraiment elle ne semble pas digne de la confiance qu'il met en elle. Cette loi attractionnelle, qu'il fait descendre du monde sidéral sur le monde social, sa douzaine de passions fondamentales, instruments nécessaires du progrès, sont des trouvailles pour le moins enfantines; il est permis de douter que le progrès, ou même seulement la bonne harmonie, puisse sortir de cet étrange assemblage de rouages passionnels. — Notons, en passant, qu'il se garde bien d'insister sur les passions qui peuvent contrarier son système : l'ins-

tinct de combativité, par exemple, si bien dirigé soit-
il, produira difficilement la concorde. Il est vrai que,
selon lui, ce n'est sans doute pas une passion naturelle,
mais le produit factice de la civilisation corruptrice.
Les merveilleux effets qu'il attend du travail attrayant
sont fort problématiques ; car, enfin, si les Harmoniens
travaillent, c'est pour vivre. Or, ce n'est pas une observation psychologique nouvelle que si l'activité est nécessaire à l'homme, celui-ci n'y trouve quelque attrait que
si elle est sa propre fin et non pas la condition d'une
jouissance ultérieure. C'est ainsi que la chasse, la
marche, la danse, etc., peuvent être des sports amusants
ou des travaux pénibles selon le but qu'on se propose.

Il est probable que les agriculteurs harmoniens ne
laboureront pas leurs champs et ne cultiveront pas
leurs choux, quelque variées qu'en soient les espèces,
avec un enthousiasme très marqué, et que, malgré
l'opinion de Fourier et celle même de certains socialistes modernes qui lui tendent ici la main, les castors,
les abeilles et les fourmis seront longtemps encore les
seuls d'entre les travailleurs à puiser — au moins apparemment — un plaisir inaltérable dans l'accomplis-
sement de besognes pénibles.

Mais le travail phalanstérien serait-il vraiment de
nature à mettre la joie au cœur des sociétaires, qu'il
risquerait fort de ne pas aboutir à la production surabondante qu'escompte Fourier. S'il est possible que les
cultivateurs de la phalange éprouvent certaines délices
à changer huit fois d'occupations en quelques heures,
leur habileté risquera fort de rester médiocre en tous
genres de travaux, et n'emploieront-ils pas ainsi la partie
la plus notable de leur journée à se rendre aux différentes
séries où ils seront engagés et à se mettre à la besogne ?
Sans compter que les sept repas quotidiens, où ils
seront astreints à faire une ample consommation de
brioches et de confitures, ne semblent pas institués pour
leur permettre de rattraper le temps perdu.

Et que produira-t-on dans cette courte journée de travail utile? On dédaigne le blé. Mais cultiver les roses, écosser des pois ou cueillir les cerises en agréable compagnie, c'est peut-être très amusant, on peut évidemment y éprouver un plaisir mélangé des sens et de l'âme; est-ce aussi profitable pour la société? Et n'est-il pas à craindre que les infortunés convives Harmoniens ne trouvent souvent médiocrement garnie la table des banquets phalanstériens, et que les ressorts passionnels ne s'agitent pas alors au mieux de la bonne harmonie?

D'ailleurs comment, dans le détail, seront organisés et dirigés la production et le travail? Quelles seront les attributions précises des patriarches directeurs, vraisemblablement élus?

En beaucoup d'endroits, Fourier laisse son lecteur dans l'incertitude et lorsque sa fougueuse imagination le gratifie d'un luxe d'indications précises, il se montre d'ordinaire extravagant, au point que parfois on se demande s'il ne serait pas simplement un auteur gai ou s'il n'aurait pas entendu écrire une parodie.

Certes, on trouve dans son système des observations exactes et pénétrantes. Il se rend très bien compte des inconvénients de l'action économique morcelée et de la fécondité de l'association, des bénéfices, de l'économie de frais qui en résultent (achat et vente par grandes masses, caves et greniers communs), des avantages de la grande exploitation et de la division du travail; il aperçoit le parti à tirer de la mobilisation du capital foncier qui peut ainsi, notamment, grâce à sa souplesse particulière, faciliter aux humbles l'accession de la propriété.

Mais après avoir promis des merveilles, il présente, avec une ignorance touchante de la nature humaine et des nécessités économiques, un système généralement insensé.

Certes, il tirerait les hommes de la médiocrité, comme il en a la prétention, mais ce serait pour les plonger dans la famine. Il fait bien sortir l'agriculture de sa « pleine sauvagerie », mais c'est pour la transporter en pleine opérette, qui serait assurée d'un dénouement tragique si l'on se risquait à la jouer.

Le système agraire de Louis Blanc.

Depuis la Révolution, aucun gouvernement ne s'est occupé de l'agriculture. L'industrie a fait oublier celle-ci ; les villes, foyers brûlants de la vie politique, ont tout absorbé. Le paysan n'a jamais eu de relations avec le pouvoir que par l'intermédiaire du percepteur. Sa situation est des plus misérables : il est écrasé entre les exigences du fisc et la rapacité des usuriers qui sont de plus en plus les véritables maîtres du sol.

Et pourtant, où trouver des hommes qui soient plus dignes d'éveiller la sollicitude gouvernementale ? Ne constituent-ils pas la partie la plus nombreuse, la plus robuste et la plus patriote de la nation française ?

Et puis, n'est-ce pas d'eux que les hommes tiennent les produits nécessaires à leur vie ? N'est-ce pas aussi avec l'excédent de leur nourriture et de leur entretien que les cultivateurs soldent tous les travaux du commerce, de l'industrie et des arts ?

Dans la recherche de l'organisation la plus propre à faciliter le relèvement de l'agriculture, il convient d'abord de bien s'imprégner d'un premier principe : c'est *qu'il n'est de salut pour les campagnes que dans l'adoption du système de grande culture*. En effet, le domaine que le travail humain doit conquérir et féconder, se divise en trois règnes :

le règne animal (bœuf, mouton, cheval) ;

le règne végétal (légumes, fruits, grains) ;

le règne minéral (pierre, houille, métaux).

Le premier est de beaucoup le plus important, car

il pourvoit à la partie la plus notable des besoins humains : nourriture, vêtements, ameublement, éclairage; en outre, c'est de sa prospérité que dépend celle des deux autres règnes : c'est l'engrais des bestiaux, en effet, qui contient le principe générateur de la végétation; et l'exploitation des carrières et des mines ne peut se passer des chevaux pour les transports, des bœufs et des moutons pour la subsistance et les vêtements des ouvriers (1).

Or le développement du règne animal n'est possible qu'en régime de grande culture, car l'élevage des bestiaux, pour être mené à bien, exige de grandes étendues de terrain et beaucoup de capitaux. Ses progrès se trouvent donc entravés dans la petite culture qui tarit ainsi la vraie source des richesses agricoles.

La petite culture n'est pas moins inconciliable avec la bonne application de la science agronomique; les méthodes nouvelles y sont ignorées, car le petit cultivateur ne possède ni le temps ni la science nécessaires pour les étudier et les comprendre, ni le capital pour les appliquer. Les grands projets d'amélioration y sont impossibles, car elle interdit tout ensemble dans les efforts.

Or la France est malheureusement par excellence le pays de la petite exploitation, du morcellement excessif. Il ne faut pas chercher d'autre cause au dépérissement de notre agriculture.

La petite propriété existait déjà sous l'ancien régime, mais la Révolution et le Code précipitèrent son développement. Certes, nos pères de 1789 ont définitivement mis fin à la tenure monarchique et féodale des terres et se sont efforcés de généraliser la propriété. On ne peut qu'applaudir à leur œuvre. Mais l'association ne présentait-elle pas un moyen naturel de rendre la démocratie maîtresse du sol sans ébranler les bases mêmes de l'agri-

(1) L. Blanc : *Organisation du travail*, livre II, chap. 1.

culture? Au lieu de cela, un fatal principe d'individualisme a institué le système du morcellement. Là fut
l'erreur dont nous souffrons. Et voilà pourquoi la plus
grande partie du sol français est aux mains d'une multitude de citoyens qui n'en possèdent chacun qu'un lambeau, fractionné lui-même en parcelles nombreuses,
fertiles surtout en pertes de temps, en difficultés de toutes
sortes, en procès en délimitation, et dont une notable
portion est occupée par des haies et par des sentiers.

C'est la raison de l'état misérable des cultivateurs
français, véritables serfs de l'usure et de l'hypothèque.
Ils devraient être les plus heureux et les plus riches
du monde, parce que notre pays a été comblé des fa-
veurs de la nature et jouit d'une situation climatérique
exceptionnelle ; dans la réalité, ils se nourrissent de pain
noir, et ignorent le goût du vin comme celui de la
viande.

Ce tableau nous paraît encore plus attristant, si nous
jetons les yeux sur une terre voisine, l'Angleterre. Sa
population agricole est infiniment moins nombreuse que
la nôtre, sa situation est beaucoup moins favorable, son
sol moins riche; nous y voyons cependant une agriculture prospère, et l'on n'ose pas comparer sa production
avec celle de notre patrie.

D'où vient donc cette différence? Uniquement du système de la grande culture, qui prédomine dans ce pays.

Nos craintes doivent être d'autant plus vives que le
morcellement de notre sol, loin de s'arrêter, comme le
prétendent certains, continue et ne semble pas devoir
s'arrêter.

Que faire?

Il est un thème favori chez les partisans de la petite
culture. Rien ne saurait remplacer, disent-ils, l'ardeur
au travail, les soins minutieux, la vigilance que les petits
fermiers apportent dans leur exploitation.

Ils ont le tort de confondre avec les avantages de la
petite culture, les effets de l'esprit de propriété. Ceux-ci

sont aussi précieux que manifestes et personne ne peut raisonnablement songer à les détruire. »

« Mais le système de la petite exploitation est-il une conséquence nécessaire et forcée de la possession du sol par ceux qui le cultivent? » Pour s'attacher à la terre, pour la cultiver avec le soin et l'ardeur désirables, fruits de l'intérêt personnel, pour jouir de l'indépendance, « est-il nécessaire de s'isoler, de s'emprisonner dans son travail, de s'environner de haies, d'être égoïste et de se ruiner? (1) »

Pas du tout. Et voilà précisément le nœud du problème : *d'une part, pour tirer du sol la plus grande somme possible de richesses, il faut recourir à l'exploitation en grand; d'autre part, il est nécessaire, pour rendre le cultivateur aussi indépendant, aussi actif que possible, de l'intéresser directement au produit de son travail.*

Est-il possible de concilier ces deux termes? Sans nul doute, et c'est l'*association* qui s'en chargera.

L'État doit prendre l'initiative de la réforme. Il le fera d'ailleurs très facilement. En nationalisant les chemins de fer, la Banque de France, les mines, il se crée aisément un budget destiné d'une manière spéciale à l'émancipation des travailleurs. Sur ce budget « il faut prendre de quoi établir progressivement un atelier social agricole par département pour l'exploitation unitaire du sol en grandes familles associées (2) ».

Cependant il ne peut alimenter ainsi qu'un nombre insuffisant d'associations. Celles-ci doivent faire appel au crédit. Leurs demandes ne peuvent être accueillies qu'à la Banque de France, mais à la Banque de France réorganisée, devenue une véritable institution nationale de crédit. Cette transformation est de toute nécessité : actuellement, la Banque de France, malgré les apparences, est principalement aux mains de particuliers qui,

---

(1) L. Blanc : *Organisation du travail*, 9ᵉ édit., p. 107.
(2) *Ibid.*, p. 112.

loin de se préoccuper de rendre service à autrui, songent uniquement à réaliser des bénéfices. Elle ne fait pas d'avances, à proprement parler. Pour s'adresser utilement à elle, il faut avoir des effets de commerce à lui offrir en échange du numéraire, il faut pouvoir lui donner une garantie de solvabilité résultant de relations déjà établies et solidement assises. Comme toutes les autres banques, elle ne donne du crédit qu'à ceux qui en ont déjà. Elle ne prête qu'aux riches.

L'État se doit de commanditer le travail de chacun de ses membres. Il faut qu'il devienne un véritable banquier national. Ainsi le Trésor public va recueillir les bénéfices qui s'entassent aujourd'hui dans les caisses de quelques financiers ; et la Banque fera des avances aux associations dans des conditions de bon marché particulières. En outre, des entrepôts seront établis où tout producteur pourra déposer ses produits contre un récépissé transmissible par endossement, donnant droit à la propriété du dépôt et pouvant faire par conséquent, sans danger, office de papier monnaie. La Banque doit être autorisée à prêter sur dépôt de récépissé (1). Ce régime ne sera d'ailleurs que transitoire. Lorsque le système des associations fonctionnera régulièrement, le crédit deviendra gratuit pour tous et sera fait par les associations elles-mêmes, grâce à la portion de bénéfices, obligatoirement mise en réserve dans chaque atelier, pour soulager les crises qui pourront se produire dans les exploitations voisines, et étendre le système.

La superficie totale du sol cultivable est d'environ 51 millions d'hectares. Si l'on divise ce chiffre par celui de 5 millions, qui exprime le nombre des familles attachées à la culture, on trouve à peu près 10 hectares par famille. « On pourrait donc former chaque association agricoles de 50 familles, comprenant, terme moyen, 250 individus, qu'il s'agirait d'établir sur une étendue de

---

(1) L. Blanc : *Organisation du travail*, 9e édit., p. 171.

500 hectares, sauf à former ultérieurement des cercles plus étendus et suivant les lois indiquées par l'expérience (1) ».

Les avances considérables en acquisitions de terrains et de matériel d'exploitation qu'a consenties l'État à ses établissements doivent, bien entendu, lui être remboursées ; mais il y a lieu, en outre, d'abolir à son profit les successions en ligne collatérale, du moins passé un certain degré.

Nul propriétaire n'est admis à faire partie d'une association qu'en vendant à celle-ci ses terres et son mobilier d'exploitation.

Pour féconder les loisirs que procurent l'hiver et les intempéries, on comprend dans chaque groupement des ateliers de tissage, de forge, de charpente, de couture, etc.

Chaque association est administrée par un Conseil composé de sept membres, y compris le directeur qui le préside. Ils sont tous nommés par l'État, la première année ; ensuite, ils sont élus par les associés qui ont eu le temps de s'apprécier.

Le Conseil distribue les travaux selon les aptitudes, fixe la durée du travail, surveille la comptabilité, pourvoit aux transactions.

Le personnel de l'atelier agricole une fois formé et l'association en mouvement, nulle admission, nulle exclusion ne peut être prononcée que par voie de vote.

Toutes les familles sont logées dans un même bâtiment, divisé toutefois de telle sorte que chacune d'elles y possède son logement particulier.

Les ateliers agricoles n'étant pas soumis comme les ateliers industriels des villes, ou du moins d'une manière aussi immédiate, à la pression de l'ancien monde, le système de la consommation en commun peut y être

(1) L. Blanc : *Organisation du travail*, 9ᵉ édit., p. 112.

pratiqué, réserve faite pour chacun de la liberté de consommer en famille sa part de vivres communs.

Il n'y a pas de travailleurs à gages : l'association doit pourvoir aux besoins de tous ses membres, soit quant à la nourriture et au logément, soit quant aux vêtements et au mobilier, sauf à en fournir la valeur représentative à ceux qui l'aiment mieux ainsi (1).

Comment est opérée la répartition des fruits du travail?

Les dépenses communes une fois soldées, l'intérêt du capital avancé par l'État ou par les particuliers une fois payé, les frais d'entretien et de matériel une fois couverts, *l'excédent* est distribué comme suit :

un quart pour l'amortissement du capital fourni par l'État ;

un quart pour la formation d'un fonds de secours destiné aux vieillards, aux malades, aux blessés ;

un quart pour la formation d'un fonds de réserve affecté à la réalisation du principe de mutuelle assistance et de solidarité entre les divers ateliers sociaux :

un quart enfin à partager par portions égales entre les différents travailleurs de l'atelier, mais entre les travailleurs seulement, car les capitalistes qui ont voulu apporter leurs capitaux à l'atelier et ne prennent aucune part à l'exploitation commune, recueillent l'intérêt de leurs apports, mais ne sont pas associés aux bénéfices. Quelle que soit la nécessité du capital, on ne peut cependant raisonnablement payer l'oisiveté au même prix que le travail, rétribuer de la même façon les services impersonnels et les services personnels.

En ce qui concerne ces derniers, au contraire, la rémunération doit être égale pour tous. Les différents membres de l'atelier doivent toucher la *même part de bénéfices.* Ce point ne saurait être atteint par la critique. Sans doute, dans le régime actuel de concurrence et d'individualisme, où les ouvriers ne sont réunis par

(1) L. Blanc : *Organisation du travail*, 9ᵉ édit., p. 113.

aucun lien, l'égalité de salaire est impossible car elle constituerait une prime à la paresse. En effet, dans un atelier où chaque ouvrier traite isolément avec l'entrepreneur et travaille au profit d'autrui, quel intérêt a-t-il à ce que son voisin remplisse consciencieusement sa tâche?

Tout change avec notre régime d'association et d'étroite solidarité; chacun est intéressé à stimuler le zèle de ses camarades, puisqu'il recueille le fruit du travail de tous.

Dira-t-on qu'il est nécessaire d'encourager le talent par une récompense? La récompense, par bonheur, n'a pas besoin d'être matérielle pour surexciter les efforts des hommes: la gloire, l'honneur d'occuper des situations élevées sont des stimulants suffisamment actifs. Au surplus, les grands hommes n'ont-ils pas toujours cherché et trouvé leur principale récompense dans l'existence même et dans l'exercice de leurs facultés. Si Dieu a donné une intelligence supérieure à certains, c'est pour que leur action soit plus utile et non pour que leur rétribution soit plus considérable. L'inégalité des aptitudes ne saurait légitimement aboutir qu'à l'inégalité des devoirs. La hiérarchie par capacités est nécessaire et féconde; la rétribution par capacités est impie.

Soutiendra-t-on que les fonctions directrices réclament une rémunération supérieure? Mais qui gouverne est tenu de se dévouer. La mission de conduire les sociétés humaines n'est pas une chose dont on trafique. On ne saurait mesurer l'importance de la fonction à celle du gain sans dénaturer et sans rabaisser le pouvoir. D'ailleurs, faire du désintéressement une condition du pouvoir, c'est le rendre en même temps moins sujet à l'envie, c'est couper court à la candidature des médiocrités cupides.

Au surplus, l'égalité des salaires, qui doit être une des règles fondamentales du régime d'association, est loin de réaliser d'une manière complète le principe de justice. Ce n'est là qu'un procédé transitoire. Car, de même qu'il est permis d'exiger davantage de celui qui possède plus de facultés, de même il est dû davantage à celui qui a plus de besoins. La véritable justice, la véritable égalité, celle qui a la fraternité pour sœur immortelle, est celle qui proportionne le travail aux facultés et les fruits aux besoins.

Bien que nous ayons encore quelques étapes à franchir avant d'y atteindre, elle finira par régner sur la terre lorsque le sentiment du devoir et celui de la fraternité auront atteint leur dernier développement.

Les avantages de la nouvelle organisation sont multiples.

Chacun ayant sa part de la propriété collective et des produits, personne ne se trouve désintéressé dans l'œuvre de production, et l'ardeur qui naît des excitations de l'intérêt personnel se combine avec les avantages propres au système ue la grande culture.

Chacun étant son maître et n'ayant de supérieurs que ceux qu'il a jugé lui-même de son intérêt d'avoir pour tels, la dignité du travailleur ne supporte aucune atteinte.

La division du travail largement appliquée produit un accroissement de richesses considérable en même temps qu'une grande économie de main-d'œuvre.

A cette première économie vient s'ajouter celle des attelages, résultant de la grandeur même des surfaces exploitées.

On n'évite pas moins de gaspillage dans la consommation même des produits, grâce au régime de l'association des ménages. Car si chaque membre de l'atelier social a « droit de disposer à sa convenance du fruit de son travail, l'évidente économie et l'incontestable excellence de la vie en commun ne tarderont pas à faire naître de l'association des travaux la volontaire association des besoins et des plaisirs » (1).

Dans l'exploitation sociétaire, la routine, inhérente au

_____

(1) L. Blanc, *Organisation du travail*, 9ᵉ édit., p. 71.

système actuel de petite culture, disparaît, puisque ce sont les plus capables qui sont appelés à diriger et que leur intelligence est servie par des ressources suffisantes.

La répartition des travailleurs, qui se fait aujourd'hui d'une manière absurde et désordonnée, est désormais uniquement et merveilleusement dirigée par les nécessités de la production, grâce aux rapports permanents et fraternels unissant les diverses associations.

Dans le monde où nous vivons, toute découverte de la science est une calamité, d'abord parce que les machines suppriment des ouvriers qui ont besoin de travailler pour vivre, ensuite, parce qu'elle est toujours une arme meurtrière aux mains de l'industriel breveté qui écrase ses rivaux grâce à son exploitation exclusive.

Dans notre système, au contraire, l'inventeur est récompensé par l'État et sa découverte mise aussitôt au service de tous. Ce qui était un moyen d'extermination devient ainsi l'instrument du progrès universel.

Actuellement le commerce, contre lequel Fourier a dirigé avec tant de raison de si vigoureuses attaques, est le tyran et le ver rongeur de la production. Il en devient une simple annexe dans le régime nouveau, chaque centre de production ayant des magasins et des dépôts distribués selon les besoins de la consommation.

Aujourd'hui le travail est ennuyeux et rebutant parce qu'il est solitaire, excessif, en désaccord avec les aptitudes particulières de l'ouvrier et mal rétribué; avec la Révolution sociale, il va revêtir des caractères tout opposés et devenir attrayant.

Tels sont quelques-uns des heureux effets du système proposé. L'État ne contraindrait personne à entrer dans cette organisation. Il ne semble guère possible de douter qu'elle ne se propage pas d'elle-même par rayonnement et absorption volontaire. « Lorsque, au lieu de ces chaumières sales, obscures, infectes, où le régime d'individualisme parque une à une ses victimes, on verrait s'élever de vastes et somptueux bâtiments, pleins d'air,

accessibles au soleil, distribués en autant de logements
particuliers qu'il y aurait de familles, avec salles de
lecture et de réunions, cuisines et buanderies communes, bibliothèques, salle d'asile, école, riants jardins ;
lorsque, au lieu de se harasser et de se ruiner à cultiver
des grains de qualité inférieure, des choux, des haricots,
des pommes de terre, la population agricole serait
employée et distribuée de manière à tirer du sol le
meilleur parti possible ; lorsque ces infortunés paysans,
au chevet desquels vient s'asseoir chaque nuit le fantôme du percepteur, hommes libres qui ont la pauvreté
pour tyran, propriétaires qui sont la propriété vivante
d'un prêteur sans entrailles, se trouveraient transformés
en cultivateurs indépendants par cela seul qu'ils ne
seraient plus isolés et deviendraient riches par la fraternité, vraie science de la richesse » (1) ; lorsqu'on
verrait les innombrables bienfaits des exploitations par
familles associées et l'énorme production qui en sortirait,
la révolution n'aurait pas de peine à se faire accepter,
et, travailleurs, capitalistes, accourraient vers les ateliers sociaux pour solliciter leur incorporation.

Que si, par impossible, les entreprises privées, contre
leurs véritables intérêts, essayent de résister, elles ne
peuvent le faire longtemps. Comment, en effet, soutien-
draient-elles la lutte économique avec les ateliers sociaux ? Ainsi la concurrence même serait l'arme grâce à
laquelle ceux-ci feraient entrer tous les citoyens, de gré
ou de force, dans la nouvelle société de bonheur et
de fraternité. Mais elle ne sera pas subversive comme
aujourd'hui, ni fertile en fraudes, en violences, en
ruines ; elle opèrera, au contraire, loyalement, sans
brutalité, sans secousse ; elle ne renversera pas violemment les entreprises particulières, mais les amènera
d'une manière insensible à composition ; elle les absor-
bera lentement et pacifiquement.

(1) L. Blanc, op. cit., p. 118.

Une fois l'agriculture monopolisée par les nouvelles exploitations, *il y aura lieu d'établir entre les différents ateliers sociaux agricoles, le système d'association établi dans chaque atelier particulier.* Car il serait absurde, après avoir tué la concurrence entre les individus, de la laisser renaître entre les associations. Il conviendra donc d'établir « un atelier central agricole duquel relèveront tous les autres, en qualité d'ateliers supplémentaires. Dès lors, plus de concurrence.....; l'intérêt sera commun et l'hostilité ruineuse des efforts sera remplacée par leur convergence » (1). A cette fin, il faudra aussi déterminer le prix de revient; on fixera, eu égard à la situation du monde industriel, le chiffre du bénéfice licite au-dessus du prix de revient, de manière à établir un prix uniforme et à empêcher toute concurrence entre les ateliers d'une même industrie.

L'industrie agricole se trouvant ainsi isolément concentrée, il conviendra, pour compléter le système, de l'unir aux industries voisines par des liens puissants de solidarité. C'est en vue de cette fin que chaque industrie doit mettre en réserve une certaine partie de ses bénéfices pour venir en aide, le cas échéant, aux industries voisines. Ainsi sera constitué un fonds très important de mutuelle assistance qui appartiendra collectivement à tous.

Dans toute cette organisation, *quel rôle joue l'État?* Nous avons vu qu'il doit fonder les premiers ateliers sociaux, fournir aux travailleurs des instruments de travail, rédiger des statuts ayant force de loi, et régler la hiérarchie des fonctions pour la première année. La machine, une fois en mouvement, marchera d'elle-même. L'action directe de l'État devra prendre fin : il n'aura plus qu'à surveiller l'observation des statuts, soit à l'intérieur de chaque association, soit dans les rapports entre les différents centres de production. Ainsi surveille-t-il aujourd'hui l'exécution des lois.

(1) L. Blanc, *op. cit.*, p. 78.

Mais, en aucun cas, il ne doit se faire entrepreneur
d'industrie et prétendre pourvoir aux besoins de la
consommation privée ou à la répartition des richesses,
car il est certain qu'il succomberait sous le poids de
cette tâche immense ; en supposant qu'il y pût suffire,
ce qu'on risquerait de trouver au bout d'un pareil
système, ce serait la tyrannie, la violence exercée sur
l'individu, sous le masque du bien public, la perte de
toute liberté, une sorte d'étouffement universel » (1).

Il faut éviter l'écueil contre lequel est venu échouer
le saint-simonisme. Les fondateurs de cette doctrine,
au lieu de se contenter de confier à l'État le soin de
régulariser le mouvement économique, lui imposèrent
l'obligation de classer les capacités, de distribuer les
fonctions, de présider au travail de tous, de répartir les
richesses, en un mot, de réglementer l'industrie dans
tous ses détails ; de là, tout à la fois, impossibilité
d'action et possibilité de tyrannie.

Non pas qu'il faille, dans une société quelconque,
enlever toute action à l'État ; lorsque la force organisée
n'est nulle part, le despotisme est partout. Il est un
devoir, notamment, auquel l'État ne doit pas faillir : c'est
d'étendre sa protection sur les faibles. « Mais si nous
voulons un pouvoir actif et vigoureux, nous sentons
qu'il y aurait folie à le croire infaillible ; nous ne nous
dissimulons pas qu'un gouvernement, quel que soit le
mérite de l'organisation politique qui lui aura donné
naissance, se compose d'hommes accessibles à des
erreurs et à des passions dont l'existence de la société
ne saurait dépendre » (2).

(1) L. Blanc, op. cit., p. 199.
(2) L. Blanc, op. cit., p. 206. (Réponse à quelques objections).

Critique du système agraire de Louis Blanc.

A l'image du système de Fourier, cette organisation ne révèle pas, en somme, de tendances socialistes très caractérisées.

Ce n'est pas pour améliorer la situation de certaines classes agricoles, qui l'affligerait plus spécialement, que Louis Blanc désire provoquer une révolution. Il ne distingue pas en agriculture des catégories sociales ennemies, les unes au comble de la misère, les autres regorgeant de richesses, celles-ci exploitant celles-là. Il ne cherche pas à y instituer la lutte des classes ou à l'aviver. C'est sur l'agriculture française en général qu'il s'apitoye. Il constate que son état est lamentable, grâce à un mode de production défectueux, la petite culture, dont elle n'a pas encore su se débarrasser, et qui met notre pays dans un regrettable état d'infériorité vis-à-vis des autres. Notre agriculture a toujours été jusqu'ici dédaignée ou négligée par les gouvernements. Il est temps de s'attacher résolûment à la défense de ses intérêts. C'est à son relèvement qu'il travaille.

Comme Fourier, il est fermement persuadé que son organisation marque la fin du mal. Cependant, en ce qui touche son établissement, il n'est pas agité par une confiance aussi maladive. Il semble craindre que les propriétaires ruraux, les paysans, imbus d'antiques préjugés, ne se laissent pas rapidement enthousiasmer par le tableau qu'il leur présente, et tiennent longtemps encore leurs champs, leur bétail, leurs machines, éloignés de la production sociétaire.

C'est pourquoi, sans doute, il fait appel à l'État pour faire l'expérimentation de son système en vue de l'amorcer et d'édifier les réfractaires, car chacun ne peut manquer d'être séduit et d'y demander son incorporation.

Celle-ci, en effet, ne sera pas opérée par la force, en aucun cas la contrainte ne peut être employée.

Mais cette intervention de l'État doit être très limitée. Une fois la machine mise en mouvement, il se retire. Il ne faut pas qu'il se transforme en entrepreneur, en producteur national. Louis Blanc, conscient des exigences de la production, affirme avec beaucoup de raison, qu'il succomberait sous cette tâche et que le pays y récolterait seulement la misère et la tyrannie.

Les propriétés et les capitaux privés sont, bien entendu, respectés. Si leurs détenteurs les apportent à l'association, qui n'est en réalité qu'une simple coopérative de production, obéissant à certaines règles spéciales, ils touchent un intérêt, et c'est avec ses biens propres que l'État doit faire les premiers essais.

De sorte que l'économiste le moins libéral ne trouverait rien à reprendre, jusqu'ici, à ce régime agricole.

Celui-ci possède un autre caractère particulier. D'une façon générale, la cause de tous les maux économiques et sociaux, selon Louis Blanc, réside dans les méfaits de la concurrence qui extermine les bourgeois comme les ouvriers et sème partout ruines et crimes.

Or, lorsque, de l'industrie, l'auteur passe à l'agriculture, il oublie la grande criminelle. Il constate, sans doute, qu'elle n'apparaît pas dans le monde agricole, que le grand capitalisme est ici peu développé et que les moyens et les petits propriétaires fonciers, loin d'être écrasés par les grands, comme leurs frères de l'industrie, tiennent dans notre pays une place prépondérante et s'y multiplient chaque jour en pleine liberté. Mais si les agriculteurs sont en nombre imposant, ils n'en sont pas moins dans la misère. A défaut de la concurrence, quelle peut donc être la coupable? Louis Blanc a cherché et c'est la petite culture qu'il accable de ses malédictions.

Quels *résultats* faut-il attendre de cette organisation?

Les associés nomment leurs directeurs, leurs contremaîtres, etc. Ce procédé renferme des inconvénients multiples: manifestations de cupidités individuelles qui vont au rebours de l'intérêt général, risques de mauvais choix surtout de la part d'électeurs qui n'ont pas un intérêt direct et personnel à la bonne gestion de l'entreprise, possibilité d'injustice à l'égard des minorités, manque de stabilité dans l'administration.

Et puis, la production agricole ne va-t-elle pas subir une transformation avec ces ateliers sociaux? Ces sociétaires, qui ont pris la place des petits paysans autonomes produisant surtout pour leur consommation, ne vont-ils pas exploiter à la manière des entrepreneurs d'industrie? ne vont-ils pas essayer de réaliser des bénéfices, dans leurs ventes et leurs achats par grandes masses, dans les industries agricoles qui sont annexées à l'atelier? et la concurrence jusque-là inexistante en agriculture, ne va-t-elle pas s'élever entre les différents ateliers, avec la même âpreté exterminatrice que la concurrence industrielle.

Louis Blanc a prévu cette éventualité, et il a institué contre elle un organisme supérieur, un atelier central. Mais celui-ci saura-t-il remplir sa tâche et pourra-t-il le faire sans heurts préjudiciables à la liberté?

Le manque d'initiative et d'activité des membres des coopératives de production, avec lesquelles les ateliers sociaux offrent une certaine ressemblance, leurs médiocres gérants vouent ordinairement ces sociétés au complet insuccès. Quelques-unes cependant prospèrent, en se transformant; mais elles violent leurs statuts fondamentaux, elles n'admettent les nouveaux membres qu'en qualité de salariés, elles introduisent les inégalités.

Les ateliers sociaux sombreront-ils sur ces écueils? L'avenir qui semble réservé au système corporatif de M. Jaurès, que nous étudierons plus loin et avec lequel ils ont certains liens de parenté, ne les attend-il pas? L'État, chargé de maintenir le respect des principes d'égalité et de solidarité, ne sera-t-il pas amené à prendre lui-même en main la direction des entreprises, à se faire l'agriculteur national, à transformer le système sociétaire en exploitation collectiviste?

Peut-être ce résultat ne se produira-t-il pas. Car ces ateliers sont dépourvus de la liberté réservée aux coopératives et aux associations corporatives socialistes. Leurs membres, ne recueillant pas le fruit direct de leurs efforts, touchant les mêmes salaires, déploieront le minimum d'activité.

Louis Blanc met toute sa confiance dans le sentiment du devoir qui va désormais, selon lui, animer tous les citoyens, au point que, pour lui, l'égalité des salaires n'est qu'un mode inférieur et transitoire.

Il est persuadé qu'avec le développement des sentiments de solidarité et de fraternité, les hommes feront bientôt l'application de ces très nobles principes: « A chacun selon ses besoins, ». « De chacun selon ses facultés. »

Il est vrai qu'il prétend en même temps respecter l'intérêt personnel, mais il lui porte une atteinte singulièrement grave, puisqu'il ne lui permet plus de se manifester que d'une manière indirecte et collective.

Quelle que soit son opinion, chez la plupart des hommes la pensée de l'intérêt domine celle du devoir dans les actes de la vie courante; et c'est le sentiment immédiat et direct du gain individuel, qui constitue le ressort de la production. Hors de lui, les progrès s'arrêtent, l'activité languit, la production fléchit. Ce fut le sort des ateliers sociaux industriels qui furent organisés en France et en Suisse. Ce serait le sort des ateliers agricoles. Et comme les ouvriers ne recueilleraient que la part du produit total de leur travail, sur lequel les intérêts dus aux capitalistes, les frais d'entretien et de matériel auraient été déjà prélevés, ils risqueraient fort de n'avoir absolument rien à se partager.

Les associations de Louis Blanc, comme celles de Fourier, loin de soulager les maux de l'agriculture et des agriculteurs de France, les conduiraient vraisemblablement à la misère.

*
* *

Le déplacement d'équilibre des forces productrices, qui avait fait depuis le commencement du siècle une place sans cesse grandissante à l'industrie dans les écrits socialistes, s'accentue dans la période contemporaine, avec le socialisme scientifique.

Le collectivisme laisse la propriété foncière à peu près dans l'oubli. C'est avant tout un système industriel. Le développement extraordinaire de la production industrielle dans la seconde moitié de notre siècle, sa concentration croissante, l'accroissement considérable de la richesse mobilière, accentuant les inégalités des conditions sociales absorbent tout naturellement l'attention et les efforts des socialistes. C'est sur des observations industrielles que s'appuyent tous les principes posés par Marx, c'est le fonctionnement de l'industrie qui lui fournit ses idées maitresses (matérialisme historique, concentration capitaliste, lutte des classes, théorie de la plus-value), c'est sur lui qu'il édifie son système. Il n'accorde pas de préoccupation particulière à la propriété du sol.

Et puis le socialisme cesse d'être une doctrine purement spéculative pour devenir une arme au service d'un parti politique, animé de l'ambition généreuse de mettre une fin rapide aux misères humaines. Or l'industrie, où les travailleurs sont assemblés en groupes compacts, où les classes productrices sont nettement séparées, souvent hostiles, offrent aux chefs du mouvement socialiste un terrain très bien préparé pour recevoir utilement les infiltrations de leur pensée.

L'esprit particulier des travailleurs agricoles, le développement économique de la propriété foncière, qu'ils jugent peu avancé, leur font apparaitre celle-ci comme

très éloignée d'eux, presque étrangère. Ils s'en désinté-
ressent (1).

Cependant, si les socialistes français, comme leurs
camarades étrangers, ne s'adressent pas d'une façon spéciale à la propriété foncière, celle-ci ne reste pas en
dehors de leurs revendications. Ce sont les vices et les
maux du régime industriel qui retiennent leur attention ;
c'est à leur adresse, c'est pour les faire disparaitre qu'ils
ont imaginé leur organisation ; mais se plaçant ensuite
sur le terrain général, ils y font participer le régime
agricole comme toutes les branches de la production,
entre lesquelles ils ne font en définitive aucune distinction.

Ainsi, bien que reléguée dans l'ombre, la propriété
foncière n'est pas détachée du collectivisme; elle en fait
partie intégrante; comme l'industrie, elle doit être expropriée par la société et exploitée collectivement.

Cela résulte de tous les écrits socialistes, et tous les
Congrès ouvriers le proclament dès que les tendances
socialistes, d'abord éparses, viennent à y prédominer :
c'est le troisième Congrès national de Marseille (20 octobre 1879) que les guesdistes déclarent à jamais mémo-
rable; il exalte la propriété collective et malgré le
citoyen Finance, qui défend la propriété individuelle et
déclare préférer son humble logement « au garni de la
commune collectiviste,... sépulcre social où seront enter-

---

(1) C'est l'attitude ordinaire des socialistes à cette époque. Un pays cependant fait exception, où la contemplation du mal rural donne alors naissance
au socialisme, c'est l'Angleterre. La propriété du sol y est très concentrée
aux mains de quelques lords puissants, qui tirent d'elle toutes leurs richesses, grâce au travail de nombreux ouvriers réunis dans de vastes exploitations. Les socialistes anglais estiment que la propriété privée du sol est la
cause de tous les maux, la rente foncière, la source de toutes les inégalités,
parce qu'elle est détenue par quelques hommes qui jouissent exclusivement
et injustement de ce bien naturel de tous. Sa restitution à ses légitimes propriétaires, la nationalisation du sol peut seule marquer l'avènement du
bien-être général.

Ainsi les nationalistes anglais recueillent l'ancien socialisme chassé du
continent; ils apparaissent ainsi comme les véritables successeurs des premiers réformateurs sociaux.

rés la liberté, l'individualité et le progrès », il vote la
nécessité du retour à la collectivité de tous les moyens
de production sans exception. C'est le Congrès du Havre
de 1880, dont les résolutions furent longtemps considérées comme la charte du parti, qui voit dans la propriété
individuelle, aussi bien d'ailleurs que dans la propriété
corporative ou communale, la source de l'exploitation
homicide des travailleurs par une faible minorité, et
déclare que l'émancipation de ceux-ci ne peut être assurée que « par l'appropriation collective et par tous les
moyens, du sol, du sous-sol, des instruments de travail ». Les Congrès suivants se débattent au milieu des
querelles du parti qui va se fractionner en plusieurs
tronçons. Malgré leurs soucis intérieurs, ils continuent
cependant à réclamer l'appropriation sociale de tous les
moyens de production sans exception.

Alors, vers 1890, l'action des socialistes se déplace.
Toute leur attention se porte brusquement sur l'agriculture. Partout, ils proclament qu'ils l'ont trop négligée
jusqu'ici et que les producteurs agricoles sont dignes de
leur entière sollicitude parce que leurs maux sont très
grands. Ils veulent y porter promptement remède et
s'enquièrent, à cette fin, des besoins et des nécessités de
ce monde agricole qu'ils connaissent mal (1).

A cette époque, ils viennent d'obtenir leurs premiers
succès électoraux. Les triomphes remportés dans les
villes leur donnent une ambition particulière et modifient leur tactique. Jusque-là, ils ont mis tout leur espoir
dans les moyens violents, seuls capables de leur ouvrir
les portes de la société rêvée. M. Guesde n'a jamais cessé
de jeter l'anathème au suffrage universel, comme à tous
ceux qui briguent quelque mandat politique, il a dénié
aux anarchistes le droit de monopoliser l'emploi du
pétrole et de la dynamite (2); il a déclaré que les socia-

(1) La question agraire avait été cependant déjà posée au Congrès de
Roanne (1882), et à celui de Roubaix (1884). Mais on l'avait seulement effleurée.
(2) L'Égalité, 5 nov. 1882.

listes n'étaient pas pour rien les successeurs et les vengeurs des pétroleurs de 1871.

Or, en 1882, le citoyen Joffrin est élu conseiller municipal à Paris ; Marseille vient d'envoyer M. Clovis Hugues à la Chambre des députés. En 1889, une douzaine de socialistes y entrent avec lui ; le parti obtient 91,000 voix ; on recueille de nombreux lauriers dans les municipalités de province. C'est un joli début. Les œillades dérobées que les possibilistes ont lancées depuis quelque temps au suffrage universel, ont porté leurs fruits. M. Guesde ne peut leur en tenir rigueur. Il oublie bientôt ses malédictions d'antan et reconnaît que ses amis et lui ne peuvent que gagner à modifier leur attitude. Il s'aperçoit sans doute que la violence préconisée jusqu'ici a tenu éloignés d'eux beaucoup d'esprits et se rappelle qu'elle est impuissante à fonder une organisation durable, lorsqu'elle n'est pas au service d'une majorité.

C'est cette majorité qu'il faut s'attacher à conquérir, et c'est elle qui accomplira la révolution par l'arme pacifique du suffrage universel.

Pour cela, il est de toute nécessité que le socialisme sorte des villes où il est resté jusqu'ici confiné ; car si les ouvriers industriels sont ralliés à sa cause, ils ne forment qu'une partie relativement faible du contingent électoral. Les paysans en constituent une portion infiniment plus importante. Sans eux, rien n'est possible. Il faut les gagner. Le système, jusqu'ici inorganisé, est resté noyé dans le système général ; il convient de le mettre sur pied et de lui réserver une large place.

Mais la doctrine générale n'est pas très favorablement accueillie dans les milieux ruraux, sans doute parce que le peuple des campagnes comprend plusieurs millions de petits propriétaires fonciers.

C'est alors qu'on s'efforce de faire rentrer cet état de fait, caractérisé par la petite propriété, dans les cadres du système collectiviste, tout en confectionnant à son

intention une théorie et un programme particuliers.
Mais la raison politique qui domine ce travail est plus
forte que la raison doctrinale; elle manque, en tout cas,
de souplesse. Le système agraire des collectivistes sort
des cadres de leur système général. Il en devient une
annexe; seulement, c'est une annexe douée de caractères
particuliers, car elle est d'une importance considérable,
puis elle revêt un aspect absolument original, très dis-
semblant de celui du corps principal; elle jure de s'en
trouver si rapprochée.

C'est du faux collectivisme, du collectivisme atténué,
édulcoré, ou plutôt, une partie en est nuancée de collectivisme, mais elle est très étroite; tout le reste est
fortement teinté d'un pâle radicalisme.

Le « socialisme agraire » est né en France. Après de
longs siècles, la propriété du sol a reconquis auprès des
socialistes modernes, presque toute la place qu'elle
occupait dans les soucis de leurs ancêtres. Mais ceux-là
lui font un régime spécial. Bien entendu, elle ne constitue plus l'unique aliment du socialisme, mais elle
n'en est même pas une partie : le « socialisme agraire »,
dans son ensemble, est une déviation de la doctrine
socialiste moderne, c'est un système particulier à côté
du socialisme.

DEUXIÈME PARTIE

CHAPITRE PREMIER

Le système transitoire.

SECTION I

Exposé du système.

Le parti ouvrier devait se réunir à Marseille, du 24 au 28 septembre 1892. La question agraire fut placée en tête de l'ordre du jour du congrès qui décida de compléter le programme général du parti par le programme agricole suivant :

Article 1. — Minimum de salaire fixé par les syndicats ouvriers agricoles et par les conseils municipaux, tant pour les ouvriers à la journée que pour les loués à l'année (bouviers, valets de ferme, filles de ferme, etc.).

Art. 2. — Création de prud'hommes agricoles.

Art. 3. — Interdiction aux communes d'aliéner leurs terrains communaux ; amodiation par l'État aux communes des terrains domaniaux, maritimes et autres, actuellement incultes ; emploi des excédents des budgets communaux à l'agrandissement de la propriété communale.

Art. 4. — Attribution par la commune des terrains concédés par l'État, possédés ou achetés par elle, à des familles non possédantes, associées et simpl.ment usufruitières, avec interdiction d'employer des salariés et obligation de payer une redevance aū profit du budget de l'assistance communale.

Art. 5. — Caisse de retraite agricole pour les invalides et les vieillards, alimentée par un impôt spécial sur la grande propriété.

4

Art. 6. — Achat par la commune de machines agricoles et leur location à prix de revient aux cultivateurs ; création d'associations de travailleurs agricoles pour l'achat d'engrais, de drains, de semences, de plants, etc., et pour la vente des produits.

Art. 7. — Suppression des droits de mutation pour les propriétés au-dessous de 5.000 francs.

Art. 8. — Réduction par des commissions d'arbitrage, comme en Irlande, des baux de fermage et de métayage, et indemnité aux fermiers et aux métayers sortants pour la plus-value donnée à la propriété.

Art. 9. — Suppression de l'article 2102 du Code civil, donnant aux propriétaires un privilège sur la récolte, et suppression de la saisie-brandon, c'est-à-dire des récoltes sur pied ; constitution, pour le cultivateur, d'une réserve insaisissable comprenant les instruments aratoires, les quantités de récoltes, fumiers et têtes de bétail indispensables à l'exercice de son métier.

Art. 10. — Révision du cadastre et, en attendant la réalisation de cette mesure générale, révision parcellaire par les communes.

Art. 11. — Cours gratuits d'agronomie et champs d'expérimentations agricoles.

Deux ans après, au mois de septembre 1894, le 12° congrès national du parti ouvrier français, tenu à Nantes, résolut à l'unanimité de faire précéder le programme de l'exposé des motifs suivant :

Considérant qu'aux termes mêmes du programme général du parti, les producteurs ne sauraient être libres, qu'autant qu'ils seront en possession des moyens de production ;

Considérant que, si, dans le domaine industriel, ces moyens de production ont déjà atteint un tel degré de centralisation capitaliste qu'ils ne peuvent être restitués aux producteurs que sous la forme collective ou sociale, il n'en est pas de même actuellement, en France, du moins, dans le domaine agricole ou terrien, le moyen de production, qui est le sol, se trouvant encore sur bien des points possédé, à titre individuel, par les producteurs eux-mêmes ;

Considérant que, si cet état de choses, caractérisé par la propriété paysanne est fatalement appelé à disparaître, le socialisme n'a pas à précipiter cette disparition, son rôle n'étant pas de séparer la propriété et le travail, mais, au contraire, de réunir dans les mêmes mains, ces deux facteurs de toute production, dont la division entraîne la servitude et la misère des travailleurs tombés à l'état de prolétaires ;

Considérant que, si, au moyen des grands domaines repris à leurs détenteurs oisifs, au même titre que les chemins de fer, mines, usines, etc., le devoir du socialisme est de remettre en possession, sous la forme collective ou sociale, les prolétaires agricoles, son devoir non moins impérieux est de maintenir en possession de leurs lopins de terre, contre le fisc, l'usure et l'envahissement des nouveaux seigneurs du sol, les propriétaires cultivant eux-mêmes ;

Considérant qu'il y a lieu d'étendre cette protection aux producteurs qui, sous le nom de fermiers et de métayers, font valoir la terre des autres, et qui, s'ils exploitent des journaliers, y sont en quelque sorte contraints par l'exploitation dont ils sont eux-mêmes victimes ;

Le parti ouvrier qui, à l'inverse des anarchistes, n'attend pas de la misère étendue et intensifiée la transformation de l'ordre social, et ne voit la libération pour le travail et pour la société que dans l'organisation et les efforts combinés des travailleurs des campagnes et des villes s'emparant du gouvernement et faisant la loi, a adopté le programme agricole suivant, destiné à coaliser dans la même lutte contre l'ennemi commun, la *féodalité terrienne*, tous les éléments de la production agricole, toutes les activités qui, à divers titres, mettent en valeur le sol national.

L'article 6 du programme fut ensuite modifié ainsi qu'il suit :

Achat par la commune, avec le concours de l'Etat, de machines agricoles, ou location de ces machines, mises gratuitement à la disposition des petits cultivateurs.

Les adjonctions ci-dessous furent enfin votées pour être intercalées dans le programme :

Abolition de tous les impôts indirects et transformation des impôts directs en un impôt progressif sur les revenus dépassant 3.000 francs ; en attendant, suppression de l'impôt foncier pour les propriétaires cultivant eux-mêmes, et diminution de cet impôt pour ceux dont la terre est grevée de dettes hypothécaires.

— Liberté de la chasse et de la pêche sans autre limite que les mesures nécessitées pour la conservation du gibier et du poisson et la préservation des récoltes ; interdiction des chasses réservées et des gardes-chasse.

— Réduction du taux légal et conventionnel de l'intérêt de l'argent.

— Organisation par canton d'un service gratuit de médecine et d'un service de pharmacie à prix de revient.

— Indemnité pendant la période d'appel aux familles des réservistes, à la charge de l'Etat, du département et de la commune.

— Abaissement des tarifs de transport pour les engrais, les machines et les produits agricoles.

— Mise à l'étude immédiate d'un plan de travaux publics, ayant pour objet l'amélioration du sol et le développement de la production agricole (1). »

(1) Il semble que la question agraire ait été épuisée à Marseille et à Nantes. Parmi les multiples congrès postérieurs, ceux qui l'inscrivirent à leur ordre du jour, à quelque nuance qu'ils appartiennent, ne firent que l'effleurer dans leurs discussions pour préconiser une action énergique à la campagne et voter quelques résolutions du genre de celles qui précèdent. C'est

SECTION II

Appréciation du programme agricole.

Parmi ces propositions, les unes ont spécialement en
vue l'ouvrier agricole, d'autres, le fermier ou le petit propriétaire, certaines s'adressent à la fois aux uns et aux
autres. Examinons-les rapidement :

Minimum des salaires. — Les ouvriers agricoles ne
gagnent pas de quoi vivre et faire vivre leur famille, aux
dires des socialistes : « Quand les grands propriétaires,
écrit le citoyen Lafargue, rapporteur de la Commission
agraire au Congrès de Nantes, trouvent qu'ils ne peuvent
affermer leurs terres à de bons prix, ils font mettre des
droits protecteurs. Ces droits ne profitent qu'à eux. La
journée des bûcherons et celle des laboureurs n'ont pas
augmenté, quoique les droits d'entrée aient permis de
vendre plus cher le bois ou le blé. Ce que l'on a fait pour
les grands propriétaires, le parti ouvrier veut qu'on le
fasse pour le salaire des ouvriers agricoles (1).

ainsi que le congrès national corporatif de Limoges, en 1895, réclama la
création de prud'hommes agricoles, de syndicats, de congrès agricoles.

Dans les congrès récents du « parti socialiste français » (Paris 1900,
Lyon 1901, Tours 1902), où, sous l'influence de M. Jaurès et de ses amis, prévaut de plus en plus la tendance réformiste et légaliste, la question agraire
n'est pas agitée. Le congrès tenu à Tours, du 2 au 4 mars 1902, se borne à
insérer dans sa déclaration de principes quelques mesures en faveur des
ouvriers agricoles, sans d'ailleurs en faire l'objet de discussions particulières : fixation d'un minimum de salaires, création de prud'hommes agricoles, assurances contre les maladies, les accidents, le chômage, la vieillesse,
organisation par l'État d'un crédit agricole. (Compte rendu sténographique
officiel, Paris, Société nouvelle de librairie et d'édition, 1902, p. 359 à 361).

Ainsi, à ce point de vue, tout le socialisme français marche plus ou moins
dans la voie tracée par les congrès de Nantes et de Marseille. S'il est des
questions irritantes à son ordre du jour, ce n'est pas la question agraire.

Par un phénomène singulier, cet objet, qui paraissait cependant devoir
provoquer les plus grandes divisions dans le parti, au moins entre réformistes et intransigeants, réunit tous les socialistes dans un accord à peu
près parfait.

(1) *Programme agricole du parti ouvrier*, broch., p. 7.

L'institution du salaire minimum a été maintes fois très complètement discutée et toujours rejetée par les économistes. Non seulement elle serait contraire à l'équité comme aux nécessités de la production, car elle ne tiendrait pas compte des mérites de l'ouvrier habile et travailleur, qui ne serait pas ainsi encouragé à les exercer, mais encore elle porterait atteinte aux intérêts mêmes des ouvriers, en provoquant le renvoi certain de ceux qui, par manque de force ou d'adresse, ne pourraient donner un travail d'une productivité suffisante. Il ne servirait donc pas à grand'chose de garantir aux ouvriers agricoles comme aux ouvriers industriels un minimum de salaire, si on ne leur garantissait pas en même temps, qu'ils trouveront des patrons pour les employer à ce prix. Ainsi l'État serait conduit à donner du travail à ceux qui n'en trouveraient pas. La France a fait, en 1848, une brève expérience des ateliers nationaux; la Suisse l'a poursuivie plus longuement. Les résultats n'ont pas été favorables : la nation y a dépensé beaucoup d'argent sans profit pour les ouvriers, qui ont surtout fait preuve de paresse, d'insubordination et d'intempérance.

Ce minimum serait fixé par les syndicats ouvriers agricoles et par les conseils municipaux. Mais quel rôle ceux-ci rempliraient-ils, en fait ? Ne seraient-ils pas réduits à homologuer simplement le tarif ou bien, au contraire, ne tendraient-ils pas à se substituer au syndicat ?

Au surplus, l'application de cette mesure à l'agriculture, outre qu'elle serait parfaitement inutile en raison de l'élévation particulière du taux actuel des salaires, y rencontrerait des difficultés spéciales, que reconnait d'ailleurs M. Jaurès : « Je sais quelle est la complexité de cette question. Il n'est pas possible pour toutes les branches du travail agricole et pour toutes les régions d'instituer un salaire uniforme (1) ».

---

(1) *Journal Officiel.* — Chambre des Députés, Déb. parl. 1897, p. 1803, col. 3.

Création de prud'hommes agricoles. — « Ce qui est bon pour les travailleurs des villes l'est aussi pour les travailleurs des campagnes (1) », écrit M. Lafargue. Nous partageons cet avis. L'institution est d'ailleurs réclamée depuis longtemps par les associations agricoles. Dans ce domaine cependant, son utilité semble moins grande que dans l'industrie; il s'y élève d'abord beaucoup moins de différends, et puis les syndicats agricoles ont multiplié des commissions de contentieux et d'arbitrage dont la juridiction amiable maintient la concorde.

Conservation et augmentation du domaine communal. — *Location des terrains communaux à des familles non possédantes et associées, avec interdiction d'employer des salariés.*

Les communaux ont eu de tout temps des défenseurs énergiques et des adversaires passionnés, qui ne semblent pas près de s'entendre.

Toutefois, les critiques violentes, qui leur sont parfois adressées, épargnent généralement les pâturages en montagne, capables de résister aux abus de jouissance qu'entraîne le plus souvent la propriété communale, et les bois qui sont soumis au régime forestier et convenablement exploités; les familles peu aisées peuvent élever ainsi une ou deux vaches et trouvent dans l'affouage un secours inappréciable. Il n'est pas mauvais non plus que les communes possèdent une certaine étendue de terres cultivables; les journaliers qui n'ont pas suffisamment de ressources pour obtenir d'un particulier une terre importante, peuvent ainsi disposer de quelques parcelles où ils récoltent un peu de blé et des légumes.

Mais d'une façon générale les propriété communales sont mal cultivées et les locataires, dont l'exploitation n'est pas surveillée, les appauvrissent peu à peu. Il conviendrait donc de les améliorer plutôt que de les agrandir sans raison.

---

(1) *Programme agricole du parti ouvrier,*

Le parti ouvrier voudrait qu'on affermât ces terrains à des familles non possédantes et associées. Il n'y aurait à cela aucun inconvénient sérieux, mais il est douteux que ces familles y trouvent des avantages très spéciaux ; on met la terre à leur disposition, moyennant une redevance qui, d'ailleurs, ressemble bien au fermage ; mais la terre est toujours facile à trouver ; leur concédera-t-on aussi un capital d'exploitation ? Ils est vrai qu'elles auraient un avant-goût des produits collectivistes, puisqu'il leur serait défendu d'employer des salariés, et qu'elles devraient, selon M. Lafargue, se partager les récoltes d'après la quantité de travail fourni.

M. Ferroul, à Narbonne, s'est efforcé de réaliser en partie ce projet. Il a établi sur des terres communales des familles associées ou isolées, en leur avançant le capital d'exploitation ; l'intérêt de celui-ci ainsi que le prix du fermage sont versés dans la caisse des institutions d'assurance sociale.

Remarquons que tous les collectivistes sont loin de partager l'optimisme que le citoyen Lafargue manifeste à l'endroit des biens communaux. Si M. Vandervelde et quelques-uns de ses amis préconisent aussi leur extension, d'autres combattent énergiquement cette mesure, dont profiteraient surtout les paysans riches possesseurs de nombreuses têtes de bétail. Ce n'est pas, selon eux, parce qu'un ouvrier agricole amodiera un lopin à la commune au lieu de l'amodier à un particulier, qu'il sera plus heureux et deviendra socialiste. M. Kautsky observe que certains agronomes font la même réclamation et cela dans l'unique intérêt des grands propriétaires, qui veulent attacher à la campagne, par l'appât d'un lopin, les ouvriers dont ils ont besoin : ce n'est pas ainsi, pense-t-il, qu'on améliorera le sort des travailleurs.

Caisse de retraite agricole pour les invalides et les vieillards, alimentée par un impôt spécial sur les revenus de la grande propriété. Il arrive parfois, en effet, que les travailleurs agricoles, après une vie de travail pénible, arrivent, sans ressources, à la vieillesse. Ce serait donc accomplir une œuvre excellente que de leur venir en aide. L'établissement des retraites obligatoires paraît souffrir des difficultés en agriculture; les syndicats pourraient au moins développer leur action sur ce point.

Cependant, il ne serait peut-être pas tout à fait équitable de faire supporter par la grande propriété tous les frais de l'institution, d'autant plus que le programme semble bien vouloir en faire bénéficier les petits propriétaires en même temps que les ouvriers, et qu'ainsi la charge risquerait de devenir singulièrement lourde.

La loi récente sur les accidents du travail ne prévoit que ceux résultant de machines actionnées par des moteurs mécaniques. Les autres accidents, pour être de nature différente, n'en déterminent pas moins autant de misères, qu'il serait utile d'atténuer.

Le programme réclame ensuite *l'organisation par canton d'un service gratuit de médecine et d'un service de pharmacie à prix de revient*. Il veut aussi que : *les communes acquièrent des machines agricoles et les mettent à la disposition des petits cultivateurs ; que des associations de travailleurs s'organisent pour l'achat d'engrais, etc.*

Mais les communes et surtout les syndicats agricoles ont, en beaucoup d'endroits, et depuis longtemps, réalisé ces vœux, avec cette différence, cependant, qu'ils permettent aux moyens et même aux gros cultivateurs de faire usage, comme les petits, de machines syndicales.

Les familles des réservistes devraient recevoir une indemnité pendant la période d'appel. Il conviendrait de *supprimer les droits de mutation pour les propriétés au-dessous de 5.000 francs.* Depuis longtemps, on demande universellement la suppression ou, au moins, la modération de ces charges.

Les impôts indirects seraient abolis et remplacés par un impôt progressif sur les revenus dépassant trois mille francs; en attendant, l'impôt foncier serait supprimé pour les propriétaires cultivant eux-mêmes et diminué pour ceux dont la terre est grevée de dettes hypothécaires.

L'article 13 préconise *la réduction par des commissions d'arbitrage*, comme en Irlande, des *baux de fermage et de métayage*, et réclame en faveur des fermiers et des métayers sortants une *indemnité pour la plus-value* donnée à la propriété.

Cette réduction est demandée sans doute pour les cas où des circonstances postérieures à l'engagement du fermier viennent diminuer la valeur du sol. Mais alors, les propriétaires consentent généralement des concessions amiables commandées par l'équité et par leur véritable intérêt. Il serait d'ailleurs logique de les faire bénéficier des circonstances fortuites qui augmentent le produit de leur terre.

La question de l'indemnité de plus-value est très discutée. La majorité des associations agricoles la repoussent au nom du progrès et de la paix des campagnes. Ce serait pourtant une mesure très équitable, semble-t-il, et plutôt conforme aux vrais intérêts du propriétaire, dont le domaine serait amélioré au lieu d'être épuisé par le fermier à la fin du bail.

Suppression de l'article 2102 du Code civil, donnant au propriétaire un privilège sur la récolte et suppression de la saisie brandon. Constitution pour le cultivateur d'une réserve insaisissable comprenant les instruments aratoires, les quantités de récoltes, de semences, de fumier et de têtes de bétail indispensables à l'exercice de son métier.

La restriction du privilège du bailleur a été demandée comme devant favoriser l'organisation du crédit agricole et adoptée par la loi du 19 février 1889. Il a paru impossible de le réduire davantage sans compromettre la situation même du fermier, dont le meilleur banquier sera toujours le propriétaire.

En ce qui concerne la réserve insaisissable, les congressistes de Marseille se sont montrés beaucoup

moins libéraux que de nombreuses associations agricoles, très conservatrices, qui réclament l'insaisissa-
bilité du petit domaine rural.

Le programme sollicite enfin : *la réduction du taux
légal de l'intérêt ; l'abaissement des tarifs de transport pour
les engrais, les machines, les produits agricoles ; la révision
du cadastre ; la mise à l'étude d'un plan de travaux publics
pour améliorer le sol et développer la production agricole ;
des cours gratuits d'agronomie et des champs d'expérimentation agricole,* toutes mesures auxquelles souscrivent
les économistes les plus attardés ; en dernier lieu, *la
liberté de la chasse et de la pêche.*

Ainsi, parmi ces propositions, il en est beaucoup
d'excellentes. Si, d'une façon générale, elles paraissent
insuffisantes pour apporter une amélioration décisive à
la situation des travailleurs ruraux, ceux-ci ne pourraient que gagner à l'application de la majorité d'entre
elles. La plupart, en tout cas, pourraient être signées —
et certaines l'ont été — par les chefs capitalistes les plus
autorisés du mouvement syndical agricole.

Mais quel rapport peuvent-elles bien avoir avec le
système collectiviste? Est-il possible de découvrir un
lien quelconque qui les y rattache ? Qu'ont-elles de
commun avec la socialisation des sources et moyens
de production ? Les socialistes combattaient pour la
disparition de notre société ; voici maintenant qu'ils
demandent des réformes bourgeoises et rabaissent leur
idéal aux sentiers gouvernementaux : un abîme paraît
séparer les deux politiques.

Ils prétendent cependant ne pas abandonner leurs
véritables desseins. C'est ainsi que le citoyen Lafargue,
pour calmer les scrupules des délégués des chambres
syndicales ouvrières, au Congrès de Nantes, leur
confesse que ce programme ne constitue qu'un minimum et un minimum transitoire, inspiré seulement par
le désir de calmer les maux des travailleurs agricoles
et de faciliter par là leur passage dans le collectivisme.

Sans insister sur le manque de garanties attachées à
tout minimum, et sur les justes raisons que les citoyens
timides auraient de redouter le programme maximum,
resté jusqu'ici un peu mystérieux, il convient de remarquer que le parti socialiste assume ainsi — et de son
propre aveu — une tâche impossible, puisque la misère
dans laquelle les ouvriers agricoles, les paysans, la
propriété paysanne se débattent actuellement, est le
produit fatal du développement capitaliste ; leur état
est sans issue dans la société présente, il ne peut être
amélioré ; la prolétarisation guette ceux qui n'y sont
pas encore tombés, car on ne peut neutraliser les effets
de l'évolution : c'est le sentiment général, ce sont les
déclarations ordinaires des socialistes.

Au surplus, cette contradiction entre la pensée et le
but, éclate manifestement dans les termes mêmes de
l'exposé des motifs. En effet, nous y voyons, d'un côté,
que « le devoir impérieux du socialisme est de maintenir en possession de leurs lopins de terre contre
l'usure, le fisc et les nouveaux seigneurs du sol, les
propriétaires cultivant eux-mêmes » ; de l'autre, « que
la propriété paysanne est fatalement appelée à disparaître ».

Cette absence de logique n'échappe pas à M. Vandervelde lui-même, qui ne craint pas d'écrire : « Il nous
paraît impossible de méconnaître le caractère contradictoire de ces deux affirmations ; dès l'instant où l'on
admet que la petite propriété est condamnée à disparaître par la fatalité même de l'évolution économique, que
fatalement elle doit être absorbée par la grande, certes,
on peut ne rien faire pour accélérer cette évolution,
mais on ne saurait admettre, en même temps, que les
collectivistes aient pour devoir impérieux de s'opposer
à ces inéluctables transformations » (1).

Bien plus, déclare Engels, puisque ces réformes ne

(1) Vandervelde, Le Socialisme en Belgique, p. 362.

peuvent améliorer la condition pitoyable du paysan,
« dont le lopin et la liberté sont, en réalité, aux mains
de l'usurier », elles l'aggravent, par cela même, « en
prolongeant cette forme spéciale de servitude, cette
situation dans laquelle il ne peut ni vivre ni mourir » (1).
Elles sont ainsi à contre-fil de leur but apparent.

Mais constitueraient-elles pour le paysan une protection vraiment efficace, les collectivistes devraient rationnellement les repousser, car celle-ci serait acquise
au prix du véritable intérêt de la masse des travailleurs.
C'est seulement, en effet, lorsque le capitalisme aura produit tous ses résultats, lorsque le mouvement de concentration progressive qui anime la propriété foncière sera
terminé, quand les seigneurs du sol auront tout envahi,
que l'instauration de l'ordre collectiviste qui doit simplement couronner l'évolution opérée en dehors de lui,
sera rendue possible. Demander une amélioration du
régime actuel, c'est le consolider, c'est le prolonger
artificiellement, c'est arrêter la marche du capitalisme
qui allait à son apogée en même temps qu'à sa perte, et
retarder d'autant, empêcher peut-être, la révolution.
C'est faire œuvre réactionnaire et sacrifier les principes,
pour le plus grand malheur du paysan lui même, quel
que soit le profit qu'il tire des mesures proposées, pour
le plus grand malheur de tous. Les socialistes l'avouent
parfois : « Evidemment, le but du socialisme ne sera
atteint que le jour où le paysan, dédaignant les mesures
transitoires, les palliatifs qui, enrayant les progrès de
la centralisation terrienne, maintiendront pour un
temps l'instrument de travail entre les mains du travailleur, il unira son lopin au lopin du voisin pour
l'exploitation collective » (2).

C'est pourquoi M. Vandervelde, malgré la pitié qu'il
éprouve pour la petite propriété, ne peut donner son

(1) Engels : *Die neue Zeit.*, 1894, n° 10.
(2) *La Petite République*, 13 août 1895.

approbation à cette méthode, à « ce possibilisme qui
exagère les petits progrès et oublie le but final ». Et
M. Carton de Wiart, qui désirait le mettre dans l'embarras, ne faisait, en réalité, que rendre hommage à la
correction de son attitude, lorsqu'il l'apostrophait en ces
termes, à la Chambre des députés belges, le 23 mai 1899 :
« L'honorable M. Vandervelde m'a dit : le parti socialiste suit avec le plus vif intérêt l'agonie de la petite
propriété ; mais cet intérêt est d'un genre tout spécial,
car le parti socialiste se garde bien de préconiser des
mesures à l'effet d'y remédier..... Il s'agit plutôt (eut-il
le tort d'ajouter) de l'intérêt qu'un héritier avide et
impatient apporte à suivre les crises et les spasmes d'un
moribond, dont il convoite la succession ».

Le programme agricole porte une autre atteinte non
moins grave aux purs principes. Ce n'est pas seulement,
en effet, aux petits propriétaires cultivant eux-mêmes
qu'il assure sa protection, mais encore aux « producteurs qui, sous le nom de fermiers ou de métayers, font
valoir les terres des autres, et qui, s'ils exploitent des
journaliers, y sont, en quelque sorte, contraints par
l'exploitation dont ils sont eux-mêmes victimes » (1).
En sorte que les socialistes qui luttent pour mettre un
terme à l'exploitation du prolétaire par le salariat, n'en
proclament pas moins que leur devoir impérieux est de
défendre les exploiteurs de journaliers. Pourquoi, dans
ces conditions, les moyens paysans, et même les grands
propriétaires ne viendraient-ils pas solliciter la protection du parti, en faisant appel à l'exploitation dont ils
sont eux-mêmes victimes de la part des spéculateurs,
des usuriers, des percepteurs? « Nos amis français, écrit
Engels, sont les seuls dans le monde socialiste à tenter
d'éterniser, non seulement le petit propriétaire, mais
le fermier qui exploite le travail étranger » (2).

(1) Exposé des motifs.
(2) *Protocole du congrès de Francfort*, p. 151.

Ces incohérences ne sont-elles pas bien faites pour donner à croire que le programme agricole avait un but autre que son but apparent, que ses auteurs ont surtout vu en lui un merveilleux instrument de propagande ?

Ne l'ont-ils vraiment composé que dans cette intention ? Se sont-ils uniquement préoccupés de forger une arme électorale ? On le leur a souvent reproché, et, il faut reconnaître que les apparences, au moins, sont contre eux. Le soupçon est d'autant plus motivé que le changement de langage a coïncidé avec le changement de tactique. Les villes étaient conquises ; les succès brillants qu'ils y avaient remportés, pouvaient leur laisser espérer une prompte et pacifique victoire. Ils s'en remettent alors au suffrage universel pour assurer leur triomphe. Mais les ouvriers urbains, réduits à leurs propres forces, ne peuvent rien sans le paysan, qui est, en France, le grand électeur ; pour écraser la bourgeoisie, il est indispensable que l'armée du prolétariat agricole opère sa jonction avec celle du prolétariat industriel. Seulement, bien que les socialistes n'aient qu'une connaissance fort incomplète des campagnes françaises, les vives résistances auxquelles ils se sont heurtés dans leur mouvement d'extension, leur ont appris, cependant, que l'évolution a été arrêtée en route par la petite propriété triomphante ; que quatre millions de petits paysans n'y laissent qu'une place restreinte aux grands domaines et que rien, dans leur tempérament, pas plus que dans celui des ouvriers agricoles, d'ailleurs assez peu nombreux, ne fait prévoir un rapide enthousiasme pour le collectivisme. Quoiqu'il souffre, le petit paysan de France refuse de croire que l'abandon de son lopin lui assurerait la guérison ; bien plus, soit que, réellement, ses vues soient très courtes et que son cerveau constitue « le dernier refuge des préjugés », soit pour toute autre cause, il a coutume de s'effrayer à l'idée de changements très profonds dans les choses qui l'entourent, quel que soit le bénéfice qui puisse en résulter pour lui ; mais il désire vivement des réformes simples, pratiques et immédiates. Il faut lui donner satisfaction et ne pas trop insister sur la révolution.

Des informateurs habiles furent envoyés au milieu des campagnards quelque temps avant le congrès de Marseille pour s'enquérir de leurs désirs et l'on élabora le programme.

Tous les producteurs agricoles, à l'exception toutefois des grands propriétaires, devaient accueillir celui-ci avec une sympathie d'autant plus vive, et reporter ce sentiment sur ses promoteurs avec d'autant moins de difficultés, que l'absence de disposition très explicite, en donnant à ce système transitoire d'améliorations, qu'on plaçait dans le cadre de la société bourgeoise, une certaine allure définitive, pouvait bannir toute crainte de leur esprit. Le véritable programme socialiste était si parfaitement dissimulé derrière ces résolutions minima, qu'il semblait bien enterré.

Et de fait, c'est ainsi que les socialistes furent accusés d'avoir mis leur drapeau dans leur poche, d'avoir inventé pour les paysans un socialisme en sabots, de s'être efforcés, avec un art remarquable, d'accommoder leur doctrine aux goûts campagnards (1).

___

(1) Et c'était M. Guesde, jusque-là gardien fidèle de la doctrine marxiste, qui conduisait le mouvement, après avoir excommunié les possibilistes quelques années auparavant et avoir écrit : « Il peut se rencontrer encore aujourd'hui des travailleurs qui possèdent leurs instruments de travail, rabot, burin, lopin de terre; mais, comme leur expropriation n'est qu'une affaire de temps et que, seule, la socialisation des moyens de production peut les sauver du servage qui les attend, il n'y a pas lieu de donner un but particulier et momentané à leurs efforts. » (*Programme du parti ouvrier*, 1883, note p. 20).

Aussi ce programme jette-t-il une note particulièrement discordante dans l'œuvre par ailleurs harmonique de ce théoricien qui défend encore maintenant, avec une intransigeance inébranlable, les primitifs et purs principes. En sorte que lui et ses amis surtout semblent mériter les reproches qui ont été formulés. Ces résolutions, en effet, se trouvent de plus en plus, beaucoup mieux en rapport avec la doctrine de M. Jaurès qui personnifie l'autre tendance générale du socialisme français, doctrine qui se résout principalement en améliorations sociales progressives dans toutes les branches de l'activité humaine. Le « Parti socialiste français », en se heurtant à la résistance des choses, est devenu réaliste et pratique; très habilement

Ils trouvaient, il est vrai, un encouragement dans l'esprit des assises les plus solennelles du parti. Le congrès socialiste international de Zurich (août 1893), celui de Londres (juillet 1896), où dominaient les délégués des pays de petite propriété, estimèrent que les modes de possession et le fractionnement de la propriété foncière, la division en catégories de la population agricole présentaient une diversité trop grande selon les pays, pour qu'il fût possible d'adopter une formule générale qui imposerait à tous les partis ouvriers les mêmes moyens de réalisation de leur idéal commun. « Les mêmes procédés ne peuvent être appliqués à l'Angleterre, pays des Landlords, à la France et à la Belgique, pays de petits propriétaires. Il convient donc de laisser aux partis des différentes nationalités, le soin de prendre l'attitude, de déterminer la méthode de propagande, les moyens d'action les mieux appropriés à la situation agraire de leurs pays respectifs. » Comme les congressistes reconnaissaient incidemment le droit de la communauté au sol et au sous-sol, leurs résolutions étaient assez vagues pour qu'on ne pût leur reprocher un manque de rigueur dogmatique, assez

Il s'est dégagé des brouillards de l'utopie, où son action était condamnée à demeurer stérile, pour essayer de s'accommoder avec la réalité ; assoupli au contact des faits, il a rejeté la théorie du tout ou rien, il a remplacé sa panacée par des palliatifs. Qu'il déclare se réduire modestement à cela, ou qu'il affirme encore ne faire que préparer la voie du socialisme intégral, peu importe ; en fait, il prend de plus en plus position sur ce terrain et s'y cantonne. Il a complètement rompu avec la tradition révolutionnaire, puis il s'est fait nettement réformiste et ne considère plus maintenant la réalisation du collectivisme que comme un idéal très lointain. C'est d'ailleurs dans cet état seulement que les efforts dépensés par les socialistes, à l'intention des classes malheureuses, peuvent devenir féconds. L'esprit de modération sage, quoique très ferme, qui semble de plus en plus devoir être celui de cette fraction du parti, et qui depuis longtemps, en face du continent, anime les Trades-Unions, est destiné à obtenir des résultats autrement positifs que les réclamations extrêmes et violemment intransigeantes.

Ainsi, le programme agricole est bien dans la tendance actuelle du « Parti socialiste français ». Et l'on peut penser que toute la politique agraire de celui-ci, lorsqu'il aura progressé dans la voie du réalisme et définitivement oublié ses dernières espérances utopiques, tiendra tout entière en lui, aujourd'hui transitoire, plus ou moins modifié ; il n'y aura plus de programme minimum ni de programme maximum, il sera tout le programme socialiste agraire.

élastiques pour qu'il fût possible de les adapter aux
aspects les plus divers de la question agraire. C'était un
grand mérite. C'était aussi l'extrême fleur de l'opportunisme et la consécration officielle, internationale de la
politique agraire, si bizarre fût-elle, suivie par les socialistes français.

Ces conseils avaient déjà été formulés en France : « Il
ne s'agit pas de décider quoi que ce soit sur les principes, mais seulement de les mettre à la portée de tempéraments divers, de les rendre accessibles à un état
d'esprit timide ou peu façonné. Ce n'est pas du premier
coup qu'un soldat s'habitue au feu. A ceux qui n'y sont
pas familiarisés, la pensée de déboulonner une colonne
donne le frisson ; que diront-ils si, du premier coup,
vous leur parlez de déboulonner la société ! Il n'y aurait
aucun mal, non plus, à se dépouiller d'une phraséo-
logie souvent superflue... On n'attire pas les mou-
ches avec du vinaigre, ni les bourgeois en les clouant
au mur. Avec un peu plus d'entregent, nous dou-
blerions aisément nos effectifs (1). » Toute ambiguïté
semble bien disparaître. « Parmi les esprits obtus qui
redoutent le socialisme, écrit aussi M. Guillot, il en est
que vous pouvez convaincre en usant de moyens appropriés : ce sont les ruraux. Ils restent obstinément fermés
à toute sollicitation d'idéal, à toute aspiration enthousiaste ; pour toucher le paysan, il faut lui présenter quelque chose de positif, d'immédiatement réalisable. Cette
glèbe, il veut en devenir le maître, et nulle félicité
ne lui paraît comparable à la possession du sol ; quel que
doive être dans l'avenir le mode d'exploitation des terres,
nous n'avons pas à nous en préoccuper ici. Quelle idée,
quel coin faire pénétrer dans ces têtes dures, pour leur
ouvrir et leur faire comprendre les avantages de la
socialisation ? Que pouvons-nous leur offrir qui soit capable de les tenter » (2). Et M. Guillot, après avoir rejeté

(1) *Revue socialiste*, 1893, t. I, p. 389.
(2) *Ibid.*, t. II, p. 1.

diverses mesures qui lui semblent inefficaces, fait alors
aux paysans cette offre inattendue: la réduction à quatre
pour cent de l'intérêt de l'argent en matière civile! Cette
trouvaille, qui ne témoigne certainement pas d'un génie
inventif très remarquable, ne semble pas devoir être le
« coin approprié. » Les propositions du parti ouvrier
français ne se trouvent pas accompagnées de considérants à ce point précis; mais elles sont de nature à provoquer un plus vif enthousiasme.

Que ce soit vraiment le désir d'apporter un soulagement réel et immédiat aux maux des travailleurs ruraux,
qui les ait inspirées, ou bien au contraire la nécessité
d'entraîner ceux-ci dans les rangs socialistes, par l'appât
de réformes en apparence utiles, que cette tactique soit
ou non le lien secret qui rattache à la véritable doctrine
le programme réformiste, ce dernier, en tout cas, semble
bien accessoirement destiné à instituer dans le domaine
agricole, où les groupements sociaux ne sont pas nettement séparés en camps antagonistes, une lutte de classes
favorable au collectivisme. Ce but particulier serait
d'ailleurs en absolue conformité avec le fond même de
la doctrine. La plupart des articles du programme semblent en effet dirigés contre les grands propriétaires et
tendre à les isoler, en détachant d'eux les petits et les
moyens propriétaires, les métayers et les fermiers, en
fondant contre eux une classe adverse formée de ces
divers éléments reliés par un sentiment commun d'hostilité. La plupart de ces mesures sont loin d'être mauvaises en elles-mêmes; mais cette signification particulière semble bien résulter de leur réunion; on la
dégagerait au surplus du commentaire très explicite
dont elles sont toujours accompagnées, si les considérants étaient, sur ce point, d'une moins grande netteté:
« Le parti ouvrier a adopté le programme suivant, destiné à coaliser dans la même lutte contre l'ennemi
commun, la féodalité terrienne, tous les éléments de la
production agricole. »

Mais si la lutte des classes est de l'essence même de la
théorie marxiste, les moyens proposés ont le tort, au
point de vue dogmatique, de servir les intérêts, non seulement des ouvriers agricoles, non seulement des petits
propriétaires, mais encore et manifestement, des moyens
propriétaires, des moyens et des grands fermiers. Et les
fidèles amis de Marx ne peuvent excuser leurs voisins
de France de tendre la main à des gens qu'ils devraient
logiquement combattre : « Je nie que le parti ouvrier
d'un pays quelconque, écrit Engels, doive admettre dans
ses rangs, outre les prolétaires agricoles et les petits
paysans, les paysans gros ou moyens, ou encore les fermiers des grands biens, les éleveurs de bestiaux... Nous
ne pouvons tolérer dans notre parti des groupes d'intérêts capitalistes » (1).

Quel que soit ce programme, il reçut le meilleur
accueil des socialistes français et parut répondre à leur
attente. Il était l'œuvre du « parti ouvrier », il avait été
inspiré par MM. Guesde et Lafargue. Les autres sections
du parti s'y rallièrent (2). Son apparition fut saluée avec
enthousiasme : « Il nous manquait un pont pour aller
porter la parole socialiste aux travailleurs des champs ;

(1) *Die neue Zeit.*, 1894, n° 10.
(2) Si quelques allemanistes et blanquistes refusèrent de l'adopter, au nom
des principes, ils le firent en général sans manifestations bruyantes et négli-
gèrent les campagnes, où leur action était destinée à demeurer nulle.

M. Lafargue, cependant, et ses amis parlementaires furent rappelés violemment au respect des principes par les délégués du parti ouvrier révolutionnaire, dans un manifeste que ceux-ci lancèrent peu après le congrès de
Nantes : « Notre parti, d'accord avec les décisions prises dans de nombreux
congrès, affirme à nouveau sa volonté bien arrêtée de ne pas être confondu
avec les politiciens socialistes que la routine parlementaire mène à toutes
les compromissions. »

Quelques-uns se contentèrent de mettre en doute l'efficacité du programme : « Ce petit cultivateur, sur le misérable sort de qui il est de mode
de verser des larmes, écrit M. Albert Goullé, croyez-vous que vos émollientes
phrases réussiront à lui cacher que la préoccupation première de la commune reconstituée sera de rentrer en possession du sol national ? — Si vous
tenez à faire de l'apostolat parmi les paysans, dites-leur la vraie vérité. Vous
leur parlez du prêteur hypothécaire, ils sont là-dessus renseignés mieux que
vous. Vous leur promettez de les décharger d'impôts, il n'en croient rien et
font sagement, car on promet d'autre part aux habitants des villes de supprimer les taxes indirectes. » (*La Petite République*, novembre 1893).

ce pont a été construit avec le programme agricole sorti des congrès nationaux du parti ouvrier, tenus à Marseille en 1892 et à Nantes en 1894.

« Dès qu'il parut, nos adversaires qui, pour nous combattre, s'abritaient derrière les campagnards comme les guerriers d'autrefois derrière leurs boucliers, jetèrent les hauts cris et tremblèrent de tous leurs membres. Ils pressentaient l'avenir qui allait assombrir leurs destinées ; les fourches qu'ils nous prédisaient si facilement allaient traîtreusement se retourner contre eux.

« Notre programme agricole, traduisant les revendications premières des travailleurs de la terre, a été, en même temps que leur signe de ralliement, le poteau indicateur de la route socialiste (1). » — « Le programme de Marseille aura donné au parti ouvrier, avec son programme agricole, le pont qui lui manquait pour transporter sa propagande dans le milieu rural, en pleine paysannerie française. Jusque-là nous avions dû nous limiter au prolétariat industriel ; le machinisme, en l'agglomérant dans de vastes usines, le livrait, pour ainsi dire, au socialisme qui, divisant très intelligemment sa tâche pour mieux l'accomplir, a levé sa première armée dans la classe ouvrière proprement dite. Mais il n'oubliait pas et ne pouvait oublier que, derrière les serfs de la machine, il y avait plus nombreux encore, quoique plus éparpillés, les serfs des champs, qu'il aurait à conquérir un jour, lorsque l'état de ses forces le lui permettrait. Aussi dès qu'au soleil des élections municipales de mai, il fut démontré que, du côté des travailleurs de l'atelier, nous avions ville gagnée en grande partie, le parti s'occupa d'abord, d'entamer les travailleurs de la terre. »

« De là, la question agraire portée devant notre 10ᵉ Congrès national, qui l'a, ajoutons-le, résolue victorieusement malgré sa complexité, en prenant dans ses cahiers

---

(1) *Le Réveil du Nord*, 1808.

complémentaires la défense des multiples éléments qui
constituent la population paysanne : producteurs, au
nombre de deux millions et demi, déjà dépossédés de
leur instrument de travail, le sol, et réduits, pour vivre,
à la vente de leur force de travail, comme leurs frères
de l'industrie ; producteurs, encore propriétaires, au
moins de nom, cultivant eux-mêmes la terre qu'ils possèdent ou qu'ils croient posséder et dont ils ne sont que
les esclaves ; fermiers et métayers qui mettent en valeur
la propriété d'autrui avec des bras loués aux salariés.
Tous ces exploités à titres divers ont été appelés, sur le
terrain des réformes immédiates, à se coaliser contre
l'ennemi commun, le grand propriétaire. Le temps au
programme de Marseille de pénétrer dans les campagnes, et le pacte d'alliance, nécessairement, sera scellé
entre le travail agricole et le travail industriel combinés, en une seule armée contre la réaction capitaliste
et gouvernementale (1). »

Ce programme-pont, qui devait permettre dans la
campagne un accès jusqu'alors impossible, produisit
un effet beaucoup moins favorable dans le monde socialiste étranger. La plupart des camarades belges, allemands, italiens désavouèrent cette politique. Selon eux,
la nécessité de rallier les paysans, si impérieuse soit-elle,
ne parvient pas à la justifier ; l'importance particulière
et la grande division de la propriété foncière en France
l'expliquent ; elle n'en est pas moins en contradiction
flagrante avec la vraie doctrine. En Italie, où elle est
très peu en honneur, M. Marioni écrit à son sujet :
« E una mistificazione ». Engels s'exprime ainsi : « Ce
programme fit si bien les affaires du parti chez les
paysans des régions les plus diverses de la France, que
— l'appétit vient en mangeant — on se sentit obligé, à
Nantes, de l'accommoder mieux encore au goût des
agriculteurs. On sentait bien, cependant, que c'était

(1) *Almanach du parti ouvrier.*

s'aventurer sur un terrain dangereux. Comment porter aide au paysan, non comme futur prolétaire, mais comme propriétaire actuel, sans violer les principes fondamentaux du programme socialiste général ? Pour éviter ce reproche, on fit précéder les nouvelles propositions d'un exposé des motifs théoriques cherchant à montrer que le principe du socialisme veut que l'on protège la petite propriété contre la ruine dont la menace le mode de production capitaliste, bien que l'on voie très bien que cette ruine est inévitable (1) ». Il affirme que les mesures proposées ne serviront qu'à amadouer le paysan sans lui être d'aucun secours, mais profiteront aux grands agriculteurs; puis il continue (2) : « Il me semble que les socialistes français veulent conquérir les paysans tout de suite, peut-être même pour les prochaines élections. Ils ne peuvent espérer atteindre ce but qu'en faisant des promesses très générales et osées, qu'ils ne peuvent défendre qu'avec des considérants bien plus osés encore. Dès que l'on y regarde de près, on s'aperçoit que les promesses se contredisent, que les mesures, en particulier, n'auront aucun effet, ou que leur portée, dans l'intérêt du petit paysan, est infime, ou qu'elles servent plutôt la grande propriété foncière; de sorte que la partie pratique du programme corrige les fautes premières et réduit les grands mots de l'exposé des motifs à une mesure tout à fait innocente. »

« Disons-le franchement : vu les préjugés de la masse des petits paysans, nous ne pouvons conquérir cette masse d'un coup, que si nous lui faisons des promesses que nous savons ne pouvoir jamais tenir. Nous sommes obligés de lui promettre de protéger sa propriété, et même de la délivrer de toutes les charges qui, actuelle-

(1) *Die neue Zeit.*, 1894, n° 10.
(2) On nous excusera d'abuser un peu des citations. Celles que nous faisons ont le plus souvent ce mérite de révéler la pensée d'hommes considérables du parti socialiste, qu'on ne peut soupçonner de malveillance, et dont les appréciations possèdent, par conséquent, une autorité particulière.

ment, l'oppriment, de faire du fermier un propriétaire et de payer les dettes du propriétaire dont la terre est grevée d'hypothèques.

« Mais notre intérêt n'est pas de conquérir le petit paysan sur-le-champ pour que sur-le-champ il nous quitte, lorsque nous ne pourrons pas tenir nos promesses. Le paysan qui nous demande de maintenir la propriété paysanne ne sera jamais un camarade. Il n'existe pas de pire service que nous puissions rendre et au parti et aux petits paysans qu'en leur promettant des réformes qui semblent devoir maintenir la propriété paysanne..... C'est perdre la dignité du parti, le rabaisser au niveau d'un antisémitisme à grandes phrases. Au contraire, nous devons expliquer aux paysans leur situation qui est sans espoir, tant que le capitalisme sera au pouvoir, leur montrer qu'il est absolument impossible de conserver leur propriété en tant que propriété privée. »

« Au reste, je suis convaincu que les auteurs du programme de Nantes ont, en général, la même opinion que moi. Ils sont beaucoup trop intelligents pour ne pas savoir que la propriété paysanne est vouée à devenir propriété collective. Les contradictions dans les expressions du programme sont la preuve que les auteurs n'ont pas l'intention de dire ce qu'ils disent ».

* *

Cette politique agraire des socialistes français essaya de s'introduire en Allemagne. Mais elle y souleva d'ardentes protestations. Un double courant se produisit au sein du parti, vraisemblablement en raison des différences profondes de constitution qu'y présente la propriété foncière. Les représentants des pays de petite propriété, provinces rhénanes et provinces du sud, défendirent les programmes de réformes contre ceux des régions des grands domaines, situées à l'est de l'Elbe, qui finirent par l'emporter.

Aussi nous paraît-il intéressant de jeter un coup d'œil sur les divers congrès allemands qui se sont spécialement occupés de la question agraire. Les débats passionnés dont ils furent le théâtre, projettent sur notre sujet une assez vive lumière.

Comme leurs amis de France, les collectivistes allemands laissèrent d'abord les paysans de côté et s'attachèrent tout entiers au prolétariat urbain. « La démocratie socialiste, au commencement, se soucia peu du paysan, écrit Kautsky (1). L'organisation du prolétariat urbain réclama, dans les premières années de son existence, tous ses soins ». Mais lorsqu'ils eurent conquis les villes et marqué leur place au Reichstag, ils durent se tourner vers les campagnes. « Les deux armées agricole et industrielle nous sont indispensables pour marcher à la conquête du pouvoir, écrit un socialiste allemand. Il faut que nous solidarisions la cause des petits paysans et des ouvriers agricoles avec celle des ouvriers industriels. Montrons qu'une ligne de démarcation profonde les sépare tous des privilégiés, des capitalistes, comme de ceux qui détiennent la plus grande partie du sol » (2). Cette nécessité fut proclamée au Congrès de Halle, en 1890. Au Congrès de Francfort, en 1894, époque à laquelle l'agriculture allemande traversait une crise assez grave, la question fut reprise par MM. Vollmar et Schœnlack, chefs du socialisme en Bavière, où les paysans forment 80 pour cent de la masse des propriétaires, et qui ne devaient cesser d'être les apôtres les plus zélés de la politique réformiste. « Les socialistes, dit Vollmar, n'ont jamais rien compris à la question agraire. Marx et Engels assimilaient l'agriculture à l'industrie et croyaient à une concentration sans cesse grandissante, parce qu'ils avaient sous les yeux l'exemple de l'Angleterre. Qu'offraient-ils aux paysans ? Rien,

(1) *La question agraire*, Introduction.
(2) *Revue politique et parlementaire*, 10 décembre 1899.

sinon la preuve de leur ruine nécessaire dans la société
actuelle, et des avantages qu'avait pour eux l'ancienne
société. Les paysans ne veulent pas qu'on touche à la
propriété privée. Ce n'est pas avec de belles théories
marxistes qu'on obtiendra quelque chose d'eux. Il faut
chercher à améliorer leur situation en suivant l'exemple du congrès de Marseille (1) ». — « Ainsi seulement
nous nous les attacherons, reprenait Schœnlack, et
nous devons nous les attacher. Car les souliers à clous
des paysans sont aussi des réalités de fer, et si nous ne
faisons pas une juste politique agraire, nous les aurons
contre nous quand ils décideront du combat entre le
prolétariat et la bourgeoisie, comme ils l'ont déjà fait en
1848, et en 1871 contre la commune de Paris.... Nous ne
sommes pas des blanquistes qui croient pouvoir faire la
Révolution sociale avec une minorité ». Une commission
fut instituée pour élaborer un programme agricole
qu'elle présenta au Congrès de Breslau en 1895. En voici
les principales dispositions : 1° Maintien et extension du
domaine foncier appartenant à l'État et aux communes;
2° Suppression de tous les privilèges du sol; 3° Nationalisation des dettes hypothécaires; 4° Liberté du droit de
chasse; 5° Location des terres appartenant aux corporations publiques, à des syndicats de petits cultivateurs et
de valets de ferme (2).

C'était une série de mesures de radicalisme agraire,
c'était un programme bourgeois fait à l'image du programme français. Il fut, bien entendu, accueilli avec
ironie par la presse capitaliste. Mais la majorité des
socialistes au Congrès le critiquèrent violemment.

Il y fut soutenu cependant par des hommes jouissant
d'une grande autorité dans le parti, et qui s'étaient longtemps signalés par l'intransigeance de leurs principes.

(1) Revue socialiste, novembre 1891, p. 632.
(2) Bourdeau : Le congrès de Breslau et la question agraire (circulaire du
Musée social, n° 4, série B). — Georges Blondel : Les populations rurales de
l'Allemagne, p. 489.

Liebnecht avait longtemps déclaré que « la sentence de mort de la classe paysanne était prononcée » et que toutes les réformes ne pourraient « servir qu'à allonger sa pénible agonie ». Depuis, il avait assisté au Congrès de Marseille de 1892 et puissamment contribué à l'adoption du programme. Il défendit vigoureusement les résolutions de la commission. Bebel combattit à ses côtés; le mouvement réformiste qui n'était autrefois, selon lui, « qu'une musique d'entr'acte », devenait maintenant l'essentiel. Tout le parti modéré lutta avec passion : « Il ne faut pas se laisser lier par des formules, s'écriait le docteur Quarck, ce n'est pas avec des principes que nous avons gagné les ouvriers, mais parce que nous défendions leurs intérêts. Nous ne voulons pas laisser les paysans devenir prolétaires et attendre le moment où, ruinés et abrutis, ils viendront au socialisme en désespérés. Ce n'est pas avec des misérables qu'on fait des révolutions. Personne ne sait la figure qu'aura la propriété dans l'Eldorado de l'avenir. Occupons-nous du présent ».

Mais le docteur Schippel jeta l'anathème sur ces « hérésies économiques » : « On ne peut cependant favoriser des mesures réactionnaires pour gagner les paysans. La démocratie socialiste ne saurait admettre le maintien des communaux, car la propriété communale est un embryon de propriété capitaliste. Son maintien est une mesure réactionnaire comme le monopole des hypothèques par l'État. Je n'aurais jamais cru possibles pareilles propositions, ainsi qu'un tel manque de loyauté au sein de notre parti ». Puis il honora ses adversaires de qualificatifs divers : « danseurs de corde », « dresseurs de pièges à paysans », « loups devenus bergers », et déclara ne pas comprendre que de vieux compagnons éprouvés comme Bebel et Liebknecht aient pu se laisser entraîner par ce charlatanisme.

Le docteur Kautsky, défenseur fidèle de la doctrine de Marx, combattit aussi ardemment pour l'orthodoxie :

« La commission s'est engagée dans la voie des com-
promis et en est arrivée à donner aux articles de son
programme une rédaction assez flottante pour permettre
aux opinions les plus diverses, de s'y réaliser. C'est un
programme d'agrariens. Le maintien de la propriété
privée est funeste à la population rurale. Déguiser le but
auquel tend la conception collectiviste, c'est s'exposer à
ralentir singulièrement les progrès du parti. Les socialistes ont toujours déclaré que la petite propriété était
vouée à la ruine, et voici qu'on présente maintenant un
programme agraire qui promet aux paysans, non seulement la conservation de leurs biens, mais encore la con-
solidation et l'extension de leur patrimoine, par des
mesures législatives et administratives empruntées à
l'arsenal du socialisme d'État. Elles donneront une nouvelle force, de nouveaux moyens de puissance à l'État
exploiteur et rendront le combat de classes plus difficile.
Nous devons protéger à la campagne le journalier, le
domestique, non les petits paysans qui sont le plus
ferme appui de la propriété. Nous ne devons pas craindre de leur dire que la situation est désespérée. Il faut
qu'ils se prolétarisent, Marx l'a démontré; ils doivent
descendre jusqu'au bout les échelons de la misère, car
l'évolution qui concentre toutes les richesses en quelques mains ne peut et ne doit pas être arrêtée. Ne les
fortifions pas; laissons-les descendre. Il est nécessaire
qu'ils en arrivent là avant de goûter au bonheur de la
société future. C'est la paupérisation croissante des masses, c'est la misère étendue et intensifiée qui sera l'ac-
coucheuse de la société nouvelle ».

Il demanda le rejet du programme :

« Il laisse à la classe paysanne, dit-il, la perspective
de l'amélioration de sa condition, c'est-à-dire de la con-
solidation de la propriété, et contribue à augmenter ainsi
son fanatisme pour la propriété personnelle. Il néglige
l'intérêt du prolétariat tout entier pour le sacrifier à
l'intérêt actuel et immédiat de la culture. Cependant

l'intérêt de la culture comme celui de l'industrie n'est, à l'heure actuelle, que l'intérêt de la classe possédante qui exploite le prolétariat ». Il adjura les congressistes de voter l'ordre du jour suivant :

« Le Congrès repousse le programme agricole de la commission, parce qu'il tend à consolider la propriété privée. Ce programme déclare que, dans la société actuelle, les intérêts du prolétariat sont liés à ceux de la culture de la terre, alors que les intérêts de l'agriculture, de même que ceux de l'industrie, sont dominés par la propriété privée, et sont en réalité les intérêts de ceux qui détiennent cette dernière, c'est-à-dire les exploiteurs du prolétariat. Ce programme attribue également une extension de puissance à la classe des exploiteurs et rend ainsi plus difficile la lutte des classes menée par le prolétariat. Enfin il assigne à l'État capitaliste une mission qui ne peut être menée à bien que par un État dans lequel le prolétariat détient en fait le pouvoir politique.

Il défendit vivement sa proposition : « Nous menons une lutte qui doit nous conduire à disposer un jour de la puissance politique et tous nos efforts doivent converger vers ce but. Nous avons admis le principe de la lutte des classes, et c'est à ce principe que nous devons ramener les revendications du prolétariat agricole. Chez les domestiques et les journaliers, c'est chose faite. Pour les petits cultivateurs qui ne font la culture que dans leurs heures de repos et de chômage, il faut s'adresser surtout aux intérêts prédominants chez eux de l'ouvrier industriel. Reste le paysan fanatique, ami de la propriété privée, qui doit être prolétarisé avant de se rallier au socialisme. Le protéger, c'est renforcer l'ennemi. »

La résolution fut votée par 158 voix contre 63. C'était l'enterrement définitif du programme de la commission. Les réformistes étaient mis en échec ; Kautsky et ses amis gagnaient une brillante et très pure victoire.

Convient-il d'en reporter tout le mérite à la pensée marxiste, qui laissa peut-être dans ce pays des traces plus profondes que partout ailleurs? Ne doit-on pas plutôt l'attribuer à la prédominance de la grande propriété en Allemagne ou bien à l'autorité particulière de ses délégués? La cause principale n'en réside-t-elle pas, plutôt que dans un intransigeant fanatisme de vertu et de logique, dans la vive satisfaction qu'éprouvèrent les jeunes ambitieux du parti à mettre en échec les vieux chefs, comme Bebel et Liebknecht, engagés dans cette tactique compromettante? Elle dériva peut-être de toutes ces influences.

La pureté des principes fut, en tout cas, sauvegardée en Allemagne. Les socialistes français, qui avaient édifié le nouveau système, durent accueillir cette nouvelle avec beaucoup d'amertume. « Il y a deux façons de manier les principes, disait naguère le citoyen Briand aux guesdistes, à une époque où ceux-ci se signalaient par leur intransigeance doctrinale : il y a la façon aimable, la nôtre ; quant à vous, vous maniez vos principes comme un coup de poing américain ». Le programme de Marseille eut ce mérite d'être voté dans l'accord le plus aimable et le plus parfait et sans usage de coup de poing américain ; le triomphe des socialistes allemands à convictions rigides, rebelles à l'influence de Liebknecht, n'en fut pas moins une dure leçon pour les fervents disciples de Marx qui le rédigèrent (1). »

(1) Depuis 1895, les deux tendances ont continué à occuper la presse et à troubler les réunions socialistes allemandes. Au congrès de Stuttgart, elles donnèrent lieu à une discussion violente et inutile, car on ne put s'accorder sur la ligne de conduite à suivre. Le débat s'est encore avivé depuis, grâce à la campagne menée par Bernstein. Il suscita une vive polémique au congrès national de 1899. La grande majorité des membres combattirent et firent rejeter l'adoption d'une tactique spéciale pour les campagnes.

CHAPITRE II

Système définitif.

SECTION I

Socialisation de la propriété foncière capitaliste

§ 1. — EXPOSÉ DU SYSTÈME.

Quelle que soit la sollicitude dont nous fassions preuve, en régime capitaliste, à l'égard des travailleurs ruraux, disent les socialistes, nous ne pouvons empêcher que la propriété foncière, comme tous les moyens de production, ne se concentre de plus en plus entre les mains de quelques puissants capitalistes; nous ne pouvons faire que la supériorité économique de la grande production et les moyens de domination dont elle dispose n'écrasent la petite propriété et ne l'éliminent peu à peu au bénéfice d'une nouvelle féodalité foncière; que fermiers et métayers travaillent pour le profit sans cesse grandissant de leur propriétaire, et que les prolétaires agricoles, toujours exploités davantage, ne croissent en nombre et en misère. Ainsi le veut l'évolution.

Les moyens de travail échappent de plus en plus par la puissance et la complexité acquises à l'action individuelle, et nécessitent, pour entrer en mouvement, une collectivité de travailleurs. Ceux-ci, loin d'avoir ces moyens à leur service, sont au service de ces moyens, et peinent pour l'unique profit de leur propriétaire qui, cependant, par la force des choses, a perdu l'usage de sa propriété. Ces moyens de production, possédés par les uns et mis en valeur par les autres, opèrent ainsi en qualité de capital, puisqu'ils permettent d'exploiter le travail des autres (1). Les maux actuels ne prendront fin que par la socialisation de ces moyens. C'est leur propriété, c'est-à-dire la propriété capitaliste qui repose essentiellement sur l'exploitation du travail d'une masse salariée, qu'il est nécessaire de transformer en propriété nationale (2).

(1) Deville. — *J. O.*, déb. p., Ch. des Dép., p. 2321 et s.

(2) Les capitalistes expropriés seraient-ils indemnisés? Les socialistes ne sont pas absolument d'accord sur ce point. Les uns répondent non, catégoriquement : « L'expropriation avec une indemnité, écrit M. Guesde (*Collectivisme et Révolution*), est une chimère. Et quelque regret qu'on puisse en éprouver, nous n'avons plus devant nous que la reprise violente sur quelques-uns de ce qui appartient à tous..... Des capitaux qu'il s'agit de reprendre, quelques-uns, comme la terre, ne sont pas de création humaine, ils sont antérieurs à l'homme pour lequel ils sont une condition *sine qua non* d'existence. Ils ne sauraient, par suite, appartenir aux uns à l'exclusion des autres, sans que les autres soient volés. Et faire rendre gorge à des voleurs, les obliger à restituer, a toujours et partout été considéré, je ne dis pas comme un droit, mais comme le plus sacré des devoirs. » Certains chefs du parti, et non des moindres, n'écartent pas, *à priori*, le droit à l'indemnité, mais ne font cependant aucune promesse précise : « Cette expropriation, écrit Engels (*Die Neue Zeit.*, 1891-95, nº 10), se fera-t-elle avec ou sans indemnité ? Cela ne dépend pas tant de nous que des circonstances dans lesquelles nous prendrons en main le pouvoir, et notamment aussi de la manière d'agir de messieurs les grands propriétaires. Payer une indemnité, ne nous répugne pas de prime-abord; combien de fois Marx ne m'a-t-il pas répété que si nous pouvions indemniser toute la bande, ce serait encore le moyen de s'en défaire au meilleur marché. » D'autres n'acceptent pas de se renfermer dans cette attitude prudente, mais ambiguë, et reconnaissent nettement le droit à l'indemnité.

Il faut reconnaître que, ainsi comprise, l'appropriation du sol par l'État collectiviste revêt un aspect tout différent de celui sous lequel on l'envisage communément. Elle devient une opération régulière, légale. L'inviolabilité de la propriété individuelle ne doit-elle pas, en effet, céder devant l'intérêt général, et l'expropriation pour cause d'utilité publique, moyennant une juste et préalable indemnité, n'a-t-elle pas été instituée pour vaincre les résistances possibles des propriétaires? Rationnellement, dès l'instant où l'on admet que l'intérêt général réclame la socialisation des terres, rien ne s'oppose à ce qu'on donne une pareille extension à cette disposition légale. L'établissement du collectivisme — il est superflu de le remarquer — aurait ainsi des chances de se faire beaucoup plus pacifiquement.

Par malheur, l'opération risquerait de rencontrer quelques difficultés d'ordre financier. M. Gide, qui accueillerait cependant assez favorablement la nationalisation du sol, reconnaît que l'impossibilité d'indemniser les propriétaires la rend impraticable. La valeur de la propriété foncière en France est de 100 à 150 milliards. Ou bien les expropriés seraient aussitôt désintéressés, ou bien ils recevraient des annuités représentant l'intérêt de leurs capitaux, plus un certain amortissement. Dans la première hypothèse, l'État

Mais l'appropriation collective ne s'impose, au point de vue de l'intérêt social, que là où la concentration des capitaux a fait disparaître la propriété fondée sur le travail. Là où il n'y a pas encore divorce entre la propriété et le travail, mais réunion dans les mêmes mains, le socialisme n'a pas à intervenir.

Ainsi, la propriété, aujourd'hui généralement constituée à l'état de privilège, va se trouver universalisée. Chacun possèdera les moyens de travail auxquels il applique son activité. Actuellement, la plupart des travailleurs ne recueillent qu'une part minime du fruit de leur travail; le capitaliste, le grand propriétaire prélèvent tout le reste. L'oisiveté exploiteuse disparaît dans le régime nouveau avec l'intérêt, le fermage et tous les revenus sans travail. Chacun recueillera désormais l'équivalent du produit de ses efforts, à l'exception cependant de certains prélèvements que l'État devra opérer pour assurer le fonctionnement des services publics. Mais cette retenue sociale sera peu importante, car l'énorme revenu dont va jouir l'État lui permettra de réduire au minimum la contribution de chaque citoyen.

Ce régime, en effet, non seulement *supprime les iniquités présentes et généralise le bien-être*, mais en établissant l'harmonie sociale, *il accroît considérablement la production* : « L'ordre socialiste, dit M. Jaurès, aura pour premier effet d'accroître la puissance économique générale du pays. Il y a aujourd'hui beaucoup de forces perdues, parce qu'il y a antagonisme des classes, parce qu'il y a

devrait trouver, non pas 150 milliards, il est vrai, la petite propriété n'étant pas socialisée, mais si l'on veut, 70 milliards de francs d'objets de consommation, puisque l'argent serait banni de la société collectiviste. Dans le second cas, qui est un peu moins chimérique, il aurait besoin, chaque année, de 3 ou 4 milliards de francs d'objets de consommation. Comment se les procurer? Par l'emprunt? Il est probable que les prêteurs hésiteraient devant l'importance de la somme et les risques de l'opération. Par un impôt nouveau? Mais en admettant qu'une telle somme supplémentaire pût être prélevée sur le produit du travail sociétaire, il serait à craindre que le reliquat ne permît pas aux citoyens de pourvoir largement à leur entretien.

lutte perpétuelle, violente et sourde, entre ceux qui possèdent et ceux qui ne possèdent pas. Dans cet antagonisme, il y a un terrible gaspillage, une déplorable usure des énergies nationales. Le jour où le socialisme, en réconciliant par la propriété commune des moyens de production, ces classes, jusque-là antagonistes, en appelant tous les producteurs, non plus à se heurter en de stériles et d'impuissantes batailles, mais à être des associés pour la production utile de la même association nationale, je dis qu'alors le socialisme réalisera une prodigieuse économie des forces nationales et que la France, par suite, retrouvera un ressort d'action économique incomparable » (1).

Les mêmes bienfaits sont assurés par la réglementation de la production. Le régime économique actuel ne connaît guère d'autre guide que la funeste et libre concurrence; il se développe au hasard, sans méthode, sans indications précises; les producteurs jettent à l'aventure une multitude d'objets sur le marché; ils ignorent les besoins des consommateurs et ce qui se passe chez leurs concurrents, de telle sorte que tantôt ils sont incapables de répondre à toutes les demandes, et les besoins essentiels ne peuvent être satisfaits, tantôt ils manquent de débouchés : c'est alors la surproduction avec son cortège de misères pour les ouvriers. C'est le règne perpétuel de l'anarchie économique, fertile en souffrances, en gaspillage, en déperdition de forces, en surmenages suivis de chômages, en ruines de toutes sortes, sans profit pour personne.

Tout cela disparaît avec l'organisation rationnelle du travail par une volonté intelligente et renseignée. L'État fait produire en raison juste des besoins. Désormais, la production et la consommation engrènent juste l'une dans l'autre. La société économique n'est plus tiraillée en tous sens par une multitude d'influences égoïstes et

(1) Interpellation de M. James, sur la crise agricole. — J O., déb. parl., Chambre des Députés, 1897, p. 1802.

6

adverses, elle n'est plus bouleversée et affaiblie par
l'action irraisonnée des forces individuelles concur-
rentes; il n'y a plus qu'une entreprise unifiée, habilement conduite dans l'intérêt exclusif des besoins col-
lectifs. Ainsi le régime socialiste, après avoir assuré
l'harmonie sociale, institue l'harmonie économique;
il a la valeur d'une puissante armée aux mains d'un
seul chef; le nôtre est une horde de barbares com-
mandée par d'innombrables petits chefs d'une égale
puissance.

L'adaptation de la production aux besoins, qui doit
mettre fin aux incohérences du régime actuel, sera la
première tâche de la société collectiviste. Des comités
supérieurs en seront chargés et s'en acquitteront facilement, car des statistiques minutieusement établies
leur feront apparaître les exigences précises de la consommation. Les fonctionnaires actuels qui dressent
les budgets à venir sur les budgets des années précé-
dentes, ne rencontrent aucune difficulté; ainsi fera-t-on
pour le budget de la production. Chaque branche de
l'activité économique recevra l'indication de la nature
et de la quantité des objets qu'elle devra produire.
Plus de désordres économiques, plus de gaspillages, mais
une production canalisée, une production accrue par
cela même.

Bien d'autres facteurs concourront à la grandir déme-
surément. C'est d'abord la supériorité du travail collectif sur le travail isolé qui exclut la division du travail,
le machinisme, etc. Et puis, pour des causes faciles à
trouver, le travail de chaque citoyen sera particulièrement productif; car s'il est « dans le monde capitaliste, le
plus terrible des châtiments, il va devenir une récréa-
tion physique et intellectuelle, parce qu'il sera de courte
durée et continuellement varié. Aujourd'hui, on fera
partie d'une équipe de travailleurs tissant dans les fabri-
ques de Lyon; demain, on s'engagera dans une autre qui
moissonnera les plaines de la Beauce. L'homme, alors,

sera libre comme l'oiseau; il se transportera partout où sa fantaisie le pousse » (1).

Et l'aiguillon de la propriété? Car la plupart des producteurs actuels, directeurs d'entreprises, travailleurs subalternes, sont des salariés; ils n'ont aucun intérêt à la bonne marche de l'exploitation. Or, ils vont devenir des associés, des propriétaires; ils auront donc un intérêt immédiat à développer et à améliorer la production qu'ils doivent se répartir, à produire le plus de choses avec le moins de frais possible, puisque la part qu'ils recueilleront sera d'autant plus grande.

En outre, la production bénéficiera des efforts de tous les individus, car la nécessité d'entrer dans la classe productrice s'imposera désormais impérieusement aux oisifs et aux intermédiaires parasites; il n'y aura plus de frelons, rien que des abeilles.

A cela viendra s'ajouter enfin l'utilisation de capitaux inexploités ou mal exploités, vastes parcs ou garennes de grands propriétaires, terres mal soignées et surtout l'affectation au sol des capitaux mobiliers que leurs détenteurs, sans souci de l'intérêt général, en éloignent aujourd'hui, parce qu'ils n'en retirent qu'un profit modique.

La population pourra croître sans danger, chacun trouvera très large place au banquet de la vie.

A. — *Forme administrative.*

La production pourra revêtir la forme purement administrative, la nation faisant de chaque branche d'industrie une administration. Tous les producteurs, c'est-à-dire tous les citoyens, seront des agents de l'État, en particulier tous les travailleurs ruraux, tous les propriétaires fonciers, à l'exception des petits paysans qui exploitent leurs terres, cultiveront le sol sous la surveillance des chefs de la production.

(1) Paul Lafargue. — Journal *Le Socialiste*, 2 septembre 1900.

Le ministère de l'Agriculture collectiviste, écrit M. Deslinières (1), est divisé en un certain nombre de *directions*
ayant chacune leurs attributions propres. Voici quelques-uns des services qui font l'objet de leurs soucis
respectifs : compositions et attributions des lots de culture, céréales, prairies, viticulture, bétail, cultures diverses (betteraves, olivier, mûrier, tabac), amendements
et engrais, forêts et reboisements, défrichements, irriga-
tions et drainages, pisciculture, apiculture, etc., statistique générale.

Chaque direction, cela va sans dire, est sectionnée en
bureaux. Celle des cultures diverses, par exemple, comprend les bureaux des betteraves, pommes de terre,
maïs, olivier, mûrier, tabac, houblon, pommiers à
cidre, arboriculture, cultures maraîchères, etc.

(1) *L'application du système collectiviste* (Lucien Deslinières, préface de Jean
Jaurès, Paris, librairie de la *Revue socialiste*, 1899). M. Deslinières est entré
quelque peu dans les détails d'application du système socialiste. C'est un
effort qui réclamait un certain courage et dont on ne saurait trop le louer.
Car il savait, sans doute, qu'en ne se cantonnant pas dans les principes et
dans les grandes lignes de la doctrine, on risquait de lui enlever sa principale séduction, de la dépouiller, selon les termes d'un critique italien,
M. Labriola, « du nimbe d'illusion et de mystère qui fait son extraordinaire
force passionnelle et lui donne l'ardente impulsion d'une foi religieuse »; il
n'ignorait pas qu'il s'exposait à toucher l'écueil auquel s'étaient heurtés la
plupart des socialistes des temps antérieurs, qui, entraînés peut-être par
une foi ardente dans le monde de leurs rêves, jointe à une vive imagination, s'étaient attardés à de minutieuses descriptions et perdus en pleine
utopie. — Les marxistes comprirent le danger; ils n'ouvrirent plus qu'un
jour d'une excessive prudence sur l'organisation définitive de leur société et
manifestèrent le plus profond dédain pour leurs devanciers qui s'étaient
surtout préoccupés de la façon dont « les bottes seraient cirées » dans le
régime nouveau, et avaient déconsidéré le socialisme. Selon eux, la partie
constructive du système était indigne de retenir leur attention. Marx, dans
le *Capital*, refusait de « formuler des recettes pour les marmites de l'avenir ». Liebknecht, au Congrès de Halle, s'écriait : « Ceux qui exigent qu'on
leur dresse le plan de la société future, sont comme ces vieilles femmes
curieuses, qui fourrent le nez au trou de la serrure pour regarder dans
les cabinets de Barbe-Bleue ». Tous écartèrent la question d'un geste mé-
prisant.
Cette attitude fut l'objet de reproches multiples. M. Deslinières semble
avoir pris à cœur de ne pas les mériter.
Aussi bien, cette tentative n'est-elle pas isolée. MM. Jaurès, Renard,
d'autres encore, semblent, depuis quelque temps, ne plus vouloir s'en tenir
à la critique virulente de notre société, malgré son ampleur et son élo-
quence, et s'efforcent de fixer quelques traits du monde nouveau.

Le cabinet du ministre centralise les travaux de toutes les directions et transmet des instructions aux directeurs départementaux. Ceux-ci les communiquent aux directeurs cantonaux, ces derniers aux directeurs communaux.

Outre ces rouages qui constituent la partie agissante de l'organisation, un service de contrôle est rattaché à l'administration centrale ; les *inspecteurs régionaux* qui le composent, doivent vérifier le fonctionnement des divers services compris dans leurs ressorts, apprécier la valeur des agents, signaler les progrès et les imperfections, les améliorations à réaliser.

Pour vaincre l'esprit de routine, écueil contre lequel toute administration peut venir buter, des *conseils consultatifs* sont créés pour susciter les perfectionnements.

A côté du ministre et sous sa présidence, siège le *conseil supérieur de l'agriculture*. Il se compose des inspecteurs régionaux, des directeurs au ministère, des directeurs départementaux, des directeurs des instituts agronomiques, de délégués agricoles élus par les délégués cantonaux, à raison d'un par département.

Il donne son adhésion aux propositions de ses membres qui sont reconnues pratiques, et le ministre les applique aussitôt, ou les soumet au vote de la Chambre.

Au-dessous de l'administration centrale se trouvent les directeurs départementaux, sous la présidence desquels siège le *conseil départemental*, composé des contrôleurs départementaux, des directeurs cantonaux, des directeurs de fermes-écoles, des délégués agricoles, à raison d'un par canton, élus par les délégués communaux. Les vœux qu'ils émettent sont transmis, selon le caractère des intérêts qu'ils ont pour but de protéger, à l'autorité communale, cantonale ou départementale ou au conseil supérieur.

Puis viennent les directeurs cantonaux, qui président les *conseils cantonaux* composés du directeur ou du

chef de culture de la ferme-école, des directeurs communaux, des délégués agricoles communaux, à raison
d'un par commune, nommés par les cultivateurs.

Enfin, les *directeurs communaux*. Ils constituent la
base de tout le système. Ce sont les chefs directs, les
surveillants immédiats de l'exploitation agricole. Presque toujours en route, visitant successivement tous les
cultivateurs de sa commune, le directeur communal
analyse leurs terres, leur indique les engrais et amendements les mieux appropriés, les tient au courant des progrès agricoles de toute nature, les engage à faire les
améliorations utiles, bref est, en tout, leur conseil et leur
guide. Il leur sert d'intermédiaire pour tous leurs
besoins : instruments aratoires, bestiaux, semences, engrais ; il centralise toutes les demandes et les transmet
au directeur cantonal. Chaque année, il fait aussi connaître à celui-ci la quantité de tous les produits récoltés disponibles pour l'approvisionnement local ou
général. Le directeur du magasin général lui adresse
ses prévisions concernant la quantité de produits qui
seront consommés dans la commune. Il retient alors les
produits nécessaires à cette consommation et met le
surplus à la disposition du directeur cantonal. Il reçoit
les livraisons des cultivateurs pour le magasin général et
en règle le montant.

Le *directeur cantonal* fait des tournées dans les communes; il adresse ses rapports au directeur départemental. Il a sous sa surveillance une école d'agriculture
pratique ou ferme-école, et un dépôt d'étalons. Il reçoit
les demandes d'engrais, semences, instruments aratoires, etc., des directeurs communaux, et les transmet
au département. Il préside le conseil cantonal, et, sur son
avis, répartit entre les différentes communes de son
ressort les cultures attribuées au canton par le conseil
départemental. Les communes qui manquent de certains produits, reçoivent de lui une partie de l'excédent
disponible que les autres lui ont adressé.

Le *directeur départemental* correspond directement avec l'administration centrale. Dans la moitié des départements environ, on crée des instituts agronomiques où les jeunes gens reçoivent une instruction agricole supérieure. Ce sont les pépinières d'employés de direction, et même de directeurs. Le directeur départemental est chargé de leur surveillance. Des contrôleurs font des tournées multiples dans le ressort et lui rendent compte de l'état des cultures et du mérite des directeurs cantonaux et communaux.

Au *Ministère*, sont centralisées toutes les questions d'intérêt général. Les demandes d'engrais, d'instruments y sont concentrées, afin de renseigner l'administration sur les quantités totales à commander. La sélection des semences s'y fait dans les meilleures conditions possibles, puisqu'elle s'opère sur la plus vaste échelle. Les départements reçoivent les denrées dont ils ont besoin, provenant de ceux qui ont laissé un excédent disponible.

« On voit la supériorité d'une aussi puissante organisation sur l'anarchie actuelle, dans laquelle chaque cultivateur livré à ses seuls moyens intellectuels et pécuniaires, privé de tout renseignement, travaille sans méthode et sous les inspirations d'une aveugle routine ».

La production générale se trouve considérablement augmentée et améliorée. Elle est d'ailleurs très facilement limitée aux besoins de la consommation, et tout effort inutile est, de la sorte, évité. Chaque année, les statistiques établissent exactement les quantités de chaque produit consommé; on majore ces quantités des augmentations présumées, s'il y a lieu, et, sur ces données, la Chambre fixe, dans son budget général de la production, les quantités qui devront être produites l'année suivante. On tient compte, bien entendu, des incertitudes des récoltes et l'on se base sur des moyennes. De fortes réserves, constituées durant les bonnes années, permettent de combler l'insuffisance des mauvaises.

Le ministre, assisté du Conseil supérieur de l'Agriculture, répartit la production générale entre tous les départements. Les directeurs départementaux, assistés du Conseil départemental, font ensuite la répartition par canton, etc.

Selon les socialistes, une pareille organisation, après avoir mis fin aux maux dont nous souffrons et développé la production à l'extrême, *respecte toutes les libertés*.

La libre détermination des besoins s'exerce largement. Au moyen des bons reçus en échange du produit de son travail, chaque citoyen peut se procurer tout ce qu'il désire dans les magasins publics, parmi les objets infiniment variés de la production collectiviste.

Il dispose de ces bons à sa guise ; il lui est loisible de les donner ou de les transmettre à ses descendants.

L'épargne est naturellement respectée.

La liberté du travail ne l'est pas moins. Le choix du travail, soit entre les différentes administrations productrices, soit à l'intérieur de chacune d'elles, ne subit aucune entrave. L'État n'a pas à obliger tel individu à prendre un genre de travail plutôt qu'un autre ; l'œuvre de chacun étant rigoureusement rétribuée d'après la quantité de travail et la qualité de l'effort qu'elle suppose, la distribution des producteurs est déterminée par les influences qui la règlent dans la société capitaliste, les aptitudes, le milieu social.

Bien plus, aujourd'hui, beaucoup d'emplois sont interdits à ceux qui n'ont pas de capital, aucune initiative industrielle ou commerciale ne leur est permise. Avec le régime collectiviste, au contraire, ils peuvent prétendre aux fonctions directrices s'ils ont l'énergie et la capacité suffisantes. Et puis, qui ne voit que ce système de production unitaire facilite singulièrement aux individus le passage dans les professions les plus diverses ou dont le centre se trouve éloigné d'eux. Dans la société que nous subissons aujourd'hui, les travailleurs, non éclairés sur les besoins de la production, restent rivés sur le coin de territoire vers lequel le hasard ou la naissance les a poussés. Dans l'ordre collectiviste, des documents précis les renseignent sur la situation des diverses professions, et par l'intermédiaire du rouage central, gigantesque bourse du travail, possédant tous les éléments d'informations possibles, des appels incessants les déterminent à se diriger vers les métiers qui leur offrent le plus d'avantages. Ainsi le courant du travail est singulièrement régularisé ; ainsi sont prévenus les engorgements de travailleurs. Qu'il se produise par impossible un encombrement accidentel dans certains métiers, un délaissement de certains autres, on y obvie très facilement en augmentant ou en diminuant la rémunération de tel ou tel travail : c'est le régulateur suprême et infaillible ; il n'a d'ailleurs rien d'artificiel, car ces faits sont la preuve que certaines séries de prix du travail ont été mal établies, que les efforts exigés pour la production de tel objet n'ont pas été appréciés à leur valeur réelle, ou que ces estimations, exactes à un certain moment, se trouvent brusquement faussées sous l'action de circonstances spéciales.

Enfin, la liberté générale est merveilleusement assurée. Actuellement (1), la lutte des classes oblige l'État à faire le gendarme. Dans le monde nouveau, pas de contrainte, à cause de l'harmonie qui y règne. Les fonctionnaires socialistes qui ne sont plus ni serviles, ni stériles, ni routiniers, ont laissé à leurs devanciers l'arrogance qu'ils avaient contractée dans les antichambres monarchiques et la tyrannie qu'ils exerçaient au bénéfice des riches. C'est l'exaltation de la liberté nécessaire. « Nous ne voudrions pas enfermer les hommes en des compartiments étroits et numérotés par la force publique, écrit M. Jaurès. Nous ne sommes pas ici séduits par un idéal de réglementation tracassière. Si dans l'ordre social rêvé par nous, nous ne rencontrions pas d'emblée

(1) *Revue socialiste*, 1895, t. I : Jaurès, *Organisation socialiste*.

la liberté, la vraie, la pleine, la vivante liberté; si nous
ne pouvions marcher, chanter et délirer même sous les
cieux, respirer les larges souffles et cueillir les fleurs du
hasard, nous reculerions vers la société actuelle malgré
ses désordres, ses iniquités, ses oppressions; car si, en
elle, la liberté n'est qu'un mensonge, c'est un mensonge
que les hommes conviennent d'appeler encore une vérité
et qui, parfois, caresse le cœur. Si ce socialisme devait
conduire à un « fonctionnarisme étouffant », il faudrait
lui préférer cent fois l'organisation actuelle ».

B. — *Forme corporative.*

M. Jaurès craint-il que cette organisation soit incapable de remplir complètement toutes ses promesses, que
sa puissance productive n'ait quelques défaillances, et
qu'elle ne comprime un peu le progrès et la liberté,
objets de ses réels soucis?

En tout cas, il n'en préconise pas l'emploi d'une façon
très particulière et donne apparemment toutes ses préférences à un système différent, qui semble bien se propo-
ser de porter remède à certaines imperfections du premier (1).

Dans cette organisation, l'État délègue la propriété
effective et l'usage de l'outillage à des *groupements professionnels* et la production est corporative. C'est le mode
représentatif, c'est le suffrage universel, le système répu-
blicain transporté dans la vie économique. Les diverses
branches de la production sont exploitées par autant de
groupes auxquels est concédé le capital y afférent. Ces
groupes ont une existence relativement indépendante, et
cette indépendance est, pour le progrès, un stimulant
très actif. Les initiatives s'exercent librement. Lorsque
telle association veut transformer son outillage, par
exemple, il lui est loisible de s'adresser à la nation, mais

(1) *Revue socialiste*, 1895 : Jaurès, *Organisation socialiste.*

elle peut aussi faire appel à la contribution de ses membres; l'intérêt de ceux-ci est engagé, car s'ils parviennent à abaisser le prix de revient de leurs produits au-dessous du prix fixé par la nation pour l'outillage normal, ils en recueillent le bénéfice. Chaque groupe a son *Conseil spécial*, élu au suffrage universel. Il peut d'ailleurs se décomposer en autant de sous-groupes qu'il y a de régions dans une industrie donnée; chacune de ces agglomérations distinctes élit ses chefs immédiats : contremaîtres, ingénieurs, directeurs. Le Conseil spécial veille aux intérêts généraux de l'organisation qu'il représente, décide, par exemple, s'il y a lieu de supprimer tel centre de production, de développer tel autre, de renouveler l'outillage, etc. En outre, il sert d'intermédiaire entre les sections locales et le *Conseil national*. Car s'il est bon que l'organisation du travail ne soit pas uniquement centraliste, et qu'elle se décompose en un certain nombre de corporations relativement autonomes, il ne faut pas non plus qu'elle aboutisse à un système pleinement corporatif, qu'elle perde son caractère national, harmonique, et ramène l'anarchie de la production capitaliste entretenue par la concurrence. Tous les vices actuels ressusciteraient. Ces organismes économiques, dans leurs relations avec les voisins, s'efforceraient par fraude ou par contrainte d'échanger une moindre quantité de travail contre une quantité plus grande, et s'approprieraient ainsi, peu à peu, au profit exclusif d'un nombre de travailleurs restreint, le bénéfice du capital concédé par la nation. Les bienfaits de la Révolution seraient perdus; une justice relative pourrait se manifester dans l'intérieur de chaque association, mais la lutte économique continuerait de l'une à l'autre; il n'y aurait plus exploitation de l'homme par l'homme, mais de certaines corporations par des corporations plus fortes. Aussi est-il nécessaire qu'une discipline nationale soit maintenue sur ces vastes groupements professionnels. A cet effet, un pouvoir de direction, de contrôle suprême est donné

à un Conseil national, qui comprend des délégués de
toutes les associations industrielles, commerciales, agricoles, puis des représentants directs de la nation. Il
détermine les conditions des échanges et met un frein à
l'avidité corporative. Il étouffe l'égoïsme et prend les
mesures nécessaires pour assurer du travail à tous les
citoyens en incorporant, de force s'il le faut, tout sans-
travail dans l'un quelconque des divers groupes. Dans
chaque industrie, il fixe la part du produit à prélever
pour l'amortissement, pour le perfectionnement du capital, et détermine ce que vaut en journée de travail effectif une journée de travail apparent.

Ainsi, la nation, en se déclarant propriétaire, loin
d'anéantir le droit individuel (1), le garantit à perpétuité
grâce à sa propriété souveraine, à l'abri de laquelle les
travailleurs ont la propriété effective puisque la valeur
du travail personnel appartient en entier à chacun,
puisque tous participent au choix des chefs de travaux,
des conseils de direction, se prononcent sur l'aménage-
ment et le développement qu'il convient de donner à
l'entreprise et jouissent ainsi de l'initiative et des garanties dont ils sont actuellement frustrés. Loin de briser
chez les travailleurs le ressort individuel, cette organisation met en eux tous le sentiment très vif de la propriété personnelle.

§ 2. — APPRÉCIATION.

A. — *Critique de la forme corporative.*

Cette organisation qui échappe peut-être, dans une
certaine mesure, aux reproches que nous adresserons
tout à l'heure au système purement administratif, renferme des vices particuliers. M. Jaurès a voulu la vivifier et l'assouplir en la pénétrant d'un semblant d'in-

(1) *La Dépêche* (14 novembre 1893), Jaurès.

térêt personnel et d'une vague indépendance; ce sont des germes de mort qu'il semble bien avoir mis en elle.

Nous admettons que la plus scrupuleuse équité ne cessera de présider aux allocations du capital national et que tous les groupes se déclareront satisfaits de la part qui leur écherra. Cependant, ces différents capitaux n'ont pas une valeur constante; les progrès techniques, des bouleversements naturels et économiques viendront, sans doute, influencer celle qu'on leur avait attribuée. Dès lors, on devra modifier la distribution primitive, reprendre aux uns pour donner aux autres, trancher à vif dans des exploitations florissantes. Au moins, on devra changer, de temps en temps, l'estimation de tel produit de telle association. Ne sera-ce pas une première source de difficultés?

Dans l'intérieur de chaque groupe, quel espoir fonder sur ces élections multiples d'où sortiront directeurs, ingénieurs, contremaitres? Est-il sûr que dans ce domaine, le suffrage universel fera des choix judicieux, qu'il ne se laissera jamais influencer que par les lumières des candidats; et l'élimination naturelle des incapables dans notre société, ne semble-t-elle pas assurer une meilleure sélection? Si les élus, sont indignes, s'ils prêtent une oreille trop complaisante aux sollicitations des électeurs qui leur ont donné le pouvoir, quelles garanties d'équité offriront-ils pour les membres de la minorité vaincue? Et ceux-ci n'auront-ils pas à redouter d'autant plus leur rancune que toute leur existence dépendra d'eux?

Supposons que les directeurs soient probes et capables, leur activité sera-t-elle stimulée? On ne peut tirer argument du succès des sociétés anonymes. D'abord, en fait, celles-ci sont toujours inférieures aux entreprises individuelles, et la négligence, le gaspillage et aussi le favoritisme y apparaissent généralement. Si elles obtiennent une réussite relative, c'est qu'elles sont loin d'ab-

sorber toute la production, et qu'elles se trouvent
tenues en éveil par la concurrence et les possibilités de
ruine. C'est aussi que leurs directeurs sont très directement intéressés à la bonne marche de l'exploitation.
Pour encourager leurs élus à déployer leurs efforts et
leurs capacités, les producteurs socialistes devront leur
assurer des avantages spéciaux; ils seront amenés à en
faire des bourgeois.

Et puis, ces bons administrateurs, sauront-ils les
garder? Un des écueils contre lesquels viennent se briser
les coopérations de production, réside dans l'indiscipline
des associés. Ceux-ci s'inclinent difficilement devant
l'autorité du camarade qui est appelé à les diriger; tous
ont une tendance naturelle à s'immiscer dans l'administration, à donner des conseils ou des ordres, à vouloir
qu'on les écoute. Il en résulte des froissements et des
désordres continuels. Bien plus, comme si les dissen-
sions et les haines qui s'élèvent entre directeurs et
dirigés, ne donnaient pas à ceux-là une instabilité suffisante, tous les sociétaires ont le désir de prendre leur
place, et s'efforcent de le réaliser. Le groupe socialiste
échappera d'autant moins à ces complications que ses
membres seront encore beaucoup plus indirectement
intéressés que les coopérateurs au succès de l'entreprise.
Comme ils ne seront pas doués de vertus particulières
et que les postes électifs seront nombreux, de multiples
élections occuperont une bonne partie de leur existence;
ils se donneront le luxe de renouveler aussi fréquem-
ment que possible le personnel supérieur, et tous vou-
dront être contremaîtres ou ingénieurs, à tour de rôle.
Avec cette instabilité paralysante de la direction, quels
travaux délicats et de longue durée sera-t-il possible
d'effectuer? Nombreux seront les chefs qui bouleverse-
ront l'œuvre de leurs prédécesseurs; les pertes de temps,
de travail, de capital et le désordre à l'état permanent
s'ensuivront.

Mais reconnaissons, si l'on veut, que le groupe aura

le plus grand intérêt à la bonne marche de l'exploitation, qu'il se donnera par conséquent une excellente
administration et la gardera. Celle-ci va lui faire acquérir une prospérité particulière, grâce à l'espèce d'indépendance dont on l'a gratifiée. Dans cet état, est-il
téméraire de penser que, vraisemblablement, l'inégalité,
un instant disparue, va renaître, sinon entre les individus, du moins entre ces diverses associations, au bénéfice de celles dont les directeurs auront le plus de
mérites? Elles vont bénéficier, selon M. Jaurès, de la
différence qu'elles auront su établir entre le prix de
revient de leurs produits et le prix social. Ainsi les bons
qu'elles recevront en payement de ceux-ci, représente-
ront une valeur supérieure à la valeur sociale du travail
qu'elles y auront incorporé. Ainsi va leur échoir une
sorte de rente. Elles extorqueront, au détriment de leurs
voisines moins favorisées, un revenu sans travail, peut-
être très élevé (1); celui-ci ne disparaîtra que dans leurs
rapports intérieurs. De cette façon, l'émulation ne sera
certes pas étouffée, mais la concurrence qui lui fait
ordinairement cortège ne le sera pas non plus, quel que
soit l'espoir de M. Jaurès en son conseil national. On se
proposait de l'anéantir, on la déplace seulement. Elle se
manifestera entre les groupes, au lieu de le faire entre
les individus: et cette concurrence collectiviste aura,
semble-t-il, toutes les qualités désirables pour re-

(1) On conçoit très bien, en effet, qu'on puisse intéresser les associations à
perfectionner leurs procédés et leur outillage, sans, bien entendu, les faire
profiter ou pâtir de l'inégalité de valeur des agents naturels qui jouent un
rôle très important dans la production agricole. Pour dégager la part du
privilège naturel, l'administration devra calculer le produit d'une heure de
travail d'intensité moyenne dans des conditions moyennes d'exploitation.
Elle considèrera, par exemple, que tel champ réclame une masse d'engrais
valant 60 bons et qu'avec un travail de 100 heures, on doit y récolter 8 hectolitres de blé. Chaque hectolitre sera payé 20 bons (160/8) au producteur. Mais
si l'habile gérant d'un groupe, sur une terre de même valeur, consacre à son
exploitation une dose d'engrais et des moyens perfectionnés valant 120 bons
et réussit à produire avec le même nombre d'heures de travail, 15 hectolitres de blé, sur les 300 bons qu'il recevra, 180 rémunéreront un travail de
100 heures.

cueillir les reproches véhéments qu'on décerne à sa devancière du régime capitaliste.

Cette prospérité spéciale de certaines associations va produire un résultat encore plus fâcheux. Quel accueil vont faire les citoyens fondateurs des groupes florissants aux camarades qui, par la suite, y solliciteront leur entrée? Ils n'admettront pas volontiers que des individus n'ayant fait aucun effort pour assurer le succès de l'exploitation, viennent non seulement en récolter les fruits, mais diminuer la part de ceux qui en ont tout le mérite. Les difficultés qui en résulteront seront d'autant plus grandes, que cette prospérité attirera naturellement un courant considérable de travailleurs qui, à l'encontre des prévisions socialistes, n'aura pas été déterminé par les nécessités de la production. Les membres primitifs tendront certainement à accaparer pour eux seuls toute l'entreprise et à fermer l'entrée de leur association.

Ces groupes, qui semblent devoir être singulièrement subversifs, prennent donc aux sociétés coopératives de production tout ce qu'elles ont de mauvais. Nous avons vu qu'ils partageaient, tout à l'heure, un de leurs vices capitaux; ils se rencontrent encore avec elles sur ce dernier point. C'est un fait d'expérience indiscutable que le personnel d'une coopérative prospère se scinde bientôt en deux classes; car les anciens de la coopérative qui ont travaillé depuis le début à son succès, et dont le nombre, diminuant sans cesse, finit par constituer une oligarchie puissante, répudient peu à peu les sentiments d'étroite solidarité qui les unissaient à tous leurs camarades ouvriers, sacrifient les nouveaux, ne leur ouvrent que la petite porte de leur maison, devenue maison de petits patrons après avoir été celle de tous, et ne les admettent qu'en qualité de simples salariés.

Ici, cependant, les nouveaux seront finalement protégés, car M. Jaurès qui semble avoir très exactement aperçu les points faibles de son organisation, a pris soin de donner au Conseil national le pouvoir d'incorporer de force, au besoin, tout sans-travail dans l'un quelconque des divers groupes. Mais ainsi quel sera le sort de cette indépendance qui devait animer le système, et ces incorporations forcées contribueront-elles à établir la bonne harmonie ?

L'adaptation rigoureuse de la production aux besoins, qui doit mettre un terme à l'anarchie économique, ne courra-t-elle pas aussi quelque danger ? L'État devra déterminer la nature et la quantité de produits qu'il attend de chacun des groupes. Autrement, ceux-ci, toujours sûrs d'écouler leurs denrées dans les magasins généraux, produiraient inconsidérément ; mais ainsi, leur liberté ne supportera-t-elle pas une nouvelle atteinte ? Et s'il plaît aux directeurs nationaux d'assigner brusquement à telle association qui n'aura pas leur sympathie, un autre genre d'exploitation que celui pour lequel elle est organisée ? En tout cas, les groupements qui, grâce à leurs efforts, auront acquis la prospérité, ne devront pas développer leur production au-delà des limites qui leur auront été fixées sans égard à leur puissance économique ; ils seront obligés de laisser improductive une partie de leurs capitaux, de leur outillage perfectionné, fruits de leur activité et de leurs sacrifices. Est-il sûr qu'ils y consentent ?

Que dire aussi de cette faculté, laissée à l'inventeur, d'exploiter sa découverte en faisant appel à la contribution personnelle des membres de son association ? Cette contribution ne pourra sans doute se manifester que sous la forme des bons de travail qu'ils peuvent posséder. Mais alors, ces bons qui représentent simplement, en théorie, des objets de consommation, pourraient donc, malgré tout, jouer le rôle de capital, puisqu'ils serviraient à l'établissement d'une industrie ? Ce serait la fin du régime collectiviste. L'exploitation de cette découverte profitera, dit-on, aux membres du groupe, qui bénéficieront de l'abaissement du prix de revient de leurs produits. Mais dans quelle mesure profitera-t-elle

7

à eux, bailleurs de fonds, et à l'inventeur? Celui-ci, paraît-il, ne pourra retirer d'autre bénéfice particulier de sa tentative qu'une satisfaction d'amour-propre, l'élévation à une fonction directrice, par exemple. Mais, outre que le chercheur de perfectionnements trouverait peut-être le stimulant un peu faible, qui pourra l'empêcher de conclure des arrangements avec ses camarades dans le but de tourner les prescriptions de la loi, et comme ceux-ci, en fin de compte, auront intérêt à le ménager, qui pourra les empêcher de respecter ces arrangements? Ainsi les membres du groupe se trouveront dans une certaine mesure exploités, puisque l'un d'eux opérera un prélèvement sur le produit du travail des autres, puisqu'il recueillera plus que sa part légale, une sorte de part capitaliste.

Il est vrai que la découverte, une fois arrivée à maturité, doit faire retour à la nation. Mais ainsi le profit promis à l'association risque bien de devenir illusoire, et si la déclaration de cette maturité relève de celle-ci ou de l'inventeur, ne sera-t-elle pas retardée outre mesure? Si le Conseil national est seul juge, n'y aura-t-il pas là une nouvelle source de conflits?

C'est à ceci surtout, croyons-nous, qu'aboutira ce système, à première vue séduisant : heurts multiples entre les individus, entre les groupes, entre ceux-ci et le Conseil national, pouvoir de réglementation suprême, gardien vigilant des purs principes dont il finira peut-être bien par assurer le respect, puisqu'il aura pour lui le droit et la force, mais au prix de quels froissements et de quels bouleversements! La liberté n'y résistera pas. Le système suivra bientôt la liberté. Au nom de la bonne harmonie et de l'intérêt général, l'État sera conduit à fondre entre elles ces diverses associations, à transformer cette organisation fédéraliste, impuissante à tenir ses promesses, en une organisation unitaire dont il assumera toute la direction et qui, seule, lui paraîtra devoir répondre aux nécessités de la production collectiviste.

B. — Critique de la forme administrative.

L'organisation administrative est-elle susceptible de réaliser tout ce qu'on en attend?

Elle sauvegarde, dit-on, toutes les libertés.

α) Liberté de consommation.

En premier lieu, la liberté de consommation. Nous voulons bien croire que l'individu ne serait privé d'aucun objet conforme à ses goûts. Il n'en est pas moins vrai qu'on peut avoir une certaine appréhension à ce point de vue. Si la production, aujourd'hui, provoque quelquefois le goût du consommateur, si elle impose certaines modes, on ne peut dire qu'elle commande en maîtresse souveraine à la consommation; celle-ci possède une influence indiscutable. Or, elle la perd en régime collectiviste. L'État y est le producteur souverain et unique; personne ne peut le forcer à produire les objets qu'il n'approuve pas pour une cause quelconque. Il ne peut manquer, d'abord, de proscrire aussitôt ceux qui lui paraissent anti-hygiéniques. Ce faisant, il accomplit une œuvre salutaire, en vue de laquelle les gouvernements modernes, qui disposent seulement de conseils et d'encouragements ordinairement inefficaces, sont un peu désarmés. Mais il est à craindre que les grands chefs de la production ne se fassent, à certains moments, une idée abusive, au moins trop originale, de l'hygiène et de la santé publique. « Il est vrai, écrit Schœffle, que l'État pourrait radicalement éliminer les besoins qui lui paraîtraient nuisibles, en ne produisant rien pour eux; c'est pourquoi les végétariens, Baltzer, entre autres, tendent vers le socialisme. Mais ce n'est pas une mauvaise chose que d'éloigner du corps social les produits falsifiés et nuisibles (1) ». Évidemment. Cependant, si la mesure privant d'alcool les alcooliques, sera favorablement accueillie, les amateurs d'alimentation carnée, par exemple, trouveront mauvais qu'on déclare nuisible l'objet de leurs préférences très respectables, et très désagréable d'être obligés de se nourrir exclusivement de carottes et de pommes de terre (2).

β) *Liberté de l'épargne.*

La liberté de l'épargne est-elle moins menacée ? M. Jaurès, dans un article de la *Dépêche* (3) où il semblait vouloir réfuter les objections relatives aux difficultés que rencontrera l'emploi de l'épargne dans la société collectiviste, se borne à constater que ses plus enragés questionneurs sur ce point, sont les économistes très orthodoxes qui mènent campagne en faveur de l'amortissement de la dette publique, des maisons ouvrières, de la coopération, etc., et ferment ainsi autant de portes à l'épargne des citoyens. Puis il affirme que dans la société actuelle, l'épargne devient sans cesse plus difficile aux producteurs véritables, aux ouvriers, aux paysans. « Au contraire, quand tous les travailleurs recevront tout le produit de leur travail, ils pourront épargner ; et ce qu'ils n'auront pas consommé au jour le jour, ils le pourront employer dans l'ordre socialiste à améliorer leur bien-être d'une façon durable, à s'assurer une installation plus confortable, plus luxueuse même, à voyager, à développer leur esprit par le culte de l'art, etc. Et cette épargne, s'ils ne l'emploient pas

---

(1) *La Quintessence du Socialisme*, p. 46.
(2) Cabet attachait une grande importance à cette fonction particulière de l'État socialiste. Il remettait à un comité de savants le soin de dresser la liste des aliments utiles et celle de ceux qui ne l'étaient pas. Ce n'est qu'après de longues délibérations des deux mille députés composant l'Assemblée législative, que tel ou tel légume acquérait droit de cité. — Cabet ne dit pas si ce système enthousiasma les Icariens.
(3) *La Dépêche*, 28 novembre 1893.

eux-mêmes, ils pourront la transmettre à leurs enfants (1) ». Outre que cette transmission paraît bien
contraire à l'essence même de la doctrine, puisqu'elle
permettrait à des individus, spécialement favorisés, de
vivre dans l'oisiveté, grâce à ces objets de consommation qu'ils n'auraient pas contribué à produire, l'emploi
de l'épargne est-il ainsi réellement facilité ? Nous ne le
pensons pas. L'épargne, en effet, ne pourra jamais se
traduire qu'en une accumulation de bons de travail,
qu'en une thésaurisation. En aucun cas, elle ne pourra
être affectée à un placement productif, car ce serait
rouvrir la porte aux capitaux privés. Singulier moyen
de la favoriser ! Aujourd'hui, si le paysan épargne, c'est
qu'il a le désir d'accroître son champ, son matériel
d'exploitation, et d'élever ainsi la condition de sa famille, ou qu'il veut faciliter à ses enfants la réalisation
de ce désir. Aussi, les bas de laine, toujours pleins,
constituent-ils une réserve inépuisable, qui ne manque
jamais de se mettre patriotiquement à la disposition du
pays aux heures de besoin, qui renouvelle et accroît
sans cesse l'outillage général agricole. En régime socialiste, pourquoi se soumettrait-il à des privations, puisque sa situation, aussi bien que celle de ses enfants, n'y
gagnerait qu'une amélioration illusoire ? Il n'épargnera
pas.

A moins que, malgré tout, il ne trouve le moyen de
tirer un parti avantageux de son épargne. On lui défend
d'user de ses économies pour arrondir son domaine, il
essayera peut-être de se tourner d'un autre côté, vers le
prêt à intérêt, par exemple. La loi le défend, comme
elle défend aussi le commerce privé et la spéculation.
Mais il est possible que, sous le couvert de donations
permises, il réussisse à violer la prohibition. D'ailleurs,
c'est au temps des lois les plus sévères contre les prêts
à intérêt, que l'usure atteignit son plus grand développe-

(1) *La Dépêche,* 11 décembre 1893.

ment, car l'opération étant périlleuse, les prêteurs exigeaient un gain proportionnel aux dangers courus. Le paysan fera de l'usure, et, comme « les mangeurs du mir », s'enrichira peut-être des dépouilles de ses voisins.

Il est possible aussi qu'il fasse, malgré la défense, le commerce des bons; il les échangera contre des marchandises qu'il accumulera et qui seront écoulées en contrebande au moment de la hausse. Ainsi la spéculation, pour être clandestine, n'en renaîtra pas moins, et, avec elle, l'endettement pour les uns, la richesse pour les autres, les inégalités.

Quoi qu'il arrive, l'épargne individuelle ne s'appliquera plus à l'accroissement de l'outillage national, des forces productives du pays. Le Gouvernement devra s'en charger et épargner à la place des individus. Essayera-t-il de le faire ? Y réussira-t-il ? Le manque d'aptitude que les États révèlent à ce point de vue permet d'en douter.

γ) *Liberté du travail.*

Si les atteintes portées à la liberté de jouissance entravent l'épargne, si la liberté de consommation n'est pas assurée, la liberté de travail l'est-elle mieux ? Admettons, si l'on veut, que l'individu ne subira aucune pression dans le choix de son travail, qu'il se déterminera pour telle occupation déterminée, sans autre règle que son bon plaisir et qu'il se fixera dans tel ou tel lieu d'après sa fantaisie, bien qu'il soit à craindre qu'au nom des nécessités de la production nationale, dont il aura la lourde charge, l'État ne soit conduit à imposer à chacun sa tâche.

Mais en tout cas, la liberté dans le travail disparaîtra nécessairement, quoi qu'on dise. Le manifeste communiste rédigé par Marx et Engels en 1847 contient cet article suggestif : « Travail obligatoire pour tous. Organisation d'une armée du travail spécialement pour l'agriculture. » Le monde collectiviste ne peut être en effet qu'une immense caserne, et les ouvriers des champs, si indépendants aujourd'hui, enrégimentés dans la division agricole de l'armée collectiviste, évoluant dans les limites de cadres rigides et étroits, sous la surveillance immédiate des caporaux de la terre, sous celle plus lointaine des grands chefs de la production, jouiront de cette liberté relative qui est compatible avec les exigences de l'organisation militaire. L'État, patron unniversel et unique, qui doit pourvoir à la satisfaction des besoins les plus variés, chargé d'assurer les perfectionnements de tous genres, de veiller au progrès et à la prospérité générale, devra intervenir partout, dans toutes les manifestations de l'activité productrice de chacun, régler et diriger les efforts de tous, contrôler et discipliner le travail.

Il est une époque de notre histoire économique à laquelle on songe naturellement, lorsqu'on envisage la doctrine socialiste : c'est la période mercantile, qui assista à l'épanouissement du système réglementaire. A ce moment, l'État crut aussi que lui seul pouvait être l'ouvrier de la prospérité nationale et du progrès ; il prit en mains la circulation économique et la production, dont il régla minutieusement tous les détails. Cette action, qui se manifesta surtout dans le domaine industriel, et pouvait d'ailleurs se justifier alors par des causes particulières, fut loin d'avoir, bien entendu, cette ampleur que comporterait le collectivisme. La liberté n'en souffrit par moins ; et comme cette intervention tracassière provoqua des fraudes et des résistances nombreuses, l'État y répondit par des vexations, des poursuites, des punitions sévères. Un édit de 1670, ordonna que les étoffes non conformes au règlement seraient exposées sur un poteau à la hauteur de neuf pieds avec le nom de ceux qui avaient participé à leur fabrication ; en cas de récidive, on infligeait un blâme en pleine assemblée des Corps de métiers ; à la troisième faute, les coupables étaient condamnés au carcan pendant deux heures.

La société collectiviste ne comporterait peut-être pas de pilori ; tous les actes du producteur n'en seraient pas moins commandés, contrôlés et censurés.

Il existe en France une culture d'État, celle du tabac. Bien qu'on ne puisse la comparer, même de très loin, à l'agriculture socialiste, elle n'en est pas moins intéressante à examiner, car elle semble bien nous offrir, quoique très en raccourci et sous un certain aspect, l'image de celle-ci. Le producteur de tabac est sous la dépendance la plus étroite de l'administration. Celle-ci dirige son exploitation, lui impose les procédés qu'elle juge convenables, est la maîtresse de tous ses produits. Dès que le planteur a reçu la permission de cultiver, depuis les semailles jusqu'au dépôt de sa récolte dans les magasins de l'État, il ne s'appartient plus, et tombe sous la surveillance autoritaire du contrôleur ou de son commis. Il n'a pas le droit de choisir la graine ni de disposer sa plantation comme il l'entend. L'administration intervient à propos des détails les plus insignifiants. Les différents travaux : plantation, écimage, etc., doivent être achevés à un jour déterminé. Si le temps est défavorable et que le planteur ne reçoive pas ou reçoive trop tard une prolongation de délai qu'il a dû solliciter du préfet, il se voit dresser procès-verbal. Chaque culture ne doit contenir qu'un nombre déterminé de plants, chaque pied de tabac ne doit porter qu'un certain nombre de feuilles. Les agents dressent des inventaires multiples et très minutieux. Que l'erreur la plus légère soit commise par le planteur ou même par un agent, au milieu de cette réglementation compliquée, le premier sera puni d'une amende et pourra se voir interdire la culture du tabac. L'évaluation de la récolte est faite par deux agents de l'administration et par trois experts nommés par le préfet. Personne ne représente le planteur dans la commission d'expertise, lui-même ne peut produire la moindre observation, et les décisions de la commission sont souveraines.

Les planteurs n'ont jamais cessé de protester contre la situation qui leur est ainsi faite. Il se plaignent de ce rôle de machine à planter, à récolter qu'on leur fait jouer, et voudraient qu'on fît preuve, à leur égard, d'un peu moins de défiance, qu'on leur accordât plus d'initiative et de liberté, que l'intervention administrative, dont la minutie n'est pas suffisamment justifiée par le monopole, fût moins gênante (1).

Cette réglementation est peut-être regrettable, dira-t-on, mais le monopole d'État la rend nécessaire.

La production collectiviste aura bien d'autres nécessités, et il est à craindre que le planteur de tabac ne regrette l'heureux temps où il se plaignait de l'ingérence du contrôleur ou de ses commis. Ce ne sont plus seulement les actes des travailleurs, mais toutes les existences qui dépendront de quelques hommes, et le progrès, au lieu de conduire à l'affranchissement de plus en plus large de la volonté et du travail, aboutira à la mainmise par l'État sur tous les actes de la vie des citoyens.

Dans cette organisation, la porte ne sera-t-elle pas ouverte à l'arbitraire, aux persécutions, à la tyrannie ? Certes, nous préférons ces employés de l'État aux chefs d'ateliers, aux directeurs élus du système corporatif ; ici, pas de rancunes d'élections ; et puis, au moins, l'État est éloigné de nous : les haines personnelles, les jalousies de clocher, le despotisme des minorités de village sont moins à craindre. Néanmoins, les garanties

---

(1) De là vient que cette culture est abandonnée en beaucoup d'endroits. Si pendant quelques années, elle prit un assez grand développement, en particulier dans les départements du Sud-Ouest, il faut en voir la cause principale dans le phylloxéra. Les propriétaires ont été heureux de trouver, même à des conditions désavantageuses, une compensation à des revenus disparus. Mais il paraît que depuis la reconstitution progressive des vignobles et surtout depuis l'extension de la culture de l'oignon, ils ont renoncé à celle du tabac, préférant un rendement inférieur avec une liberté plus grande.

qu'ils nous offrent ne sont pas suffisantes. L'injustice, les abus, ne pourraient être évités que si ces innombrables fonctionnaires étaient exempts de passions et doués de toutes les vertus.

M. Jaurès, qui a la préoccupation très vive de sauvegarder la liberté individuelle, croit fermement que ces hommes ignoreront les défauts humains : ils ne seront ni serviles, ni arrogants, ni tyranniques ; ce sera l'exaltation de la liberté dans le règne de l'harmonie.

Nous ne sommes pas aussi confiants et nous doutons que tous les travailleurs socialistes passent leur temps « à délirer sous les cieux et à cueillir les fleurs du hasard ». D'ailleurs tous les amis de M. Jaurès ne semblent pas complètement partager cet enthousiasme : « La liberté, écrit M. Renard (1), ne sera pas atteinte... Sans doute, elle ne sera point absolue... L'individu devra une partie de son temps et de son effort à la société. Cette obligation sera d'ailleurs réduite au minimum parce qu'elle deviendra universelle. Une fois le devoir social accompli, l'individu redevient maître de son activité ». Mais si l'égalité dans la servitude peut être une consolation pour quelques-uns, elle ne ramènera pas la liberté.

b) L'ÉQUIVALENCE EN TRAVAIL EST DIFFICILE A RÉALISER DANS LA PRODUCTION AGRICOLE.

Au moins, est-il permis d'espérer que la condition matérielle de tous va se trouver grandement améliorée, que l'augmentation du bien-être général sera la rançon de la liberté ?

Les socialistes manifestent très souvent, en effet, ces deux prétentions particulières :

1° *Chacun recueillera le produit intégral de son travail ;*

(1) *Le Régime socialiste.* — *(Revue socialiste,* 15 octobre 1897, p. 414).

2º La production va se trouver considérablement accrue.

Examinons d'abord comment la première pourra se réaliser.

Dans la nouvelle société, les deux termes de l'échange sont mesurés d'avance. Le travailleur apporte son produit à la masse; on lui délivre une certaine quantité de bons de consommation représentant la quantité de travail qui y a été incorporée; c'est ce que l'on peut appeler la cote en crédit. Les produits qui sont dans la masse ont une cote en prix pour le consommateur. Les deux cotes doivent être équivalentes pour qu'il y ait équivalence en travail, pour que sa rémunération permette au travailleur de racheter son produit.

La quantité variable de travail qui détermine la cote en crédit se mesure par le temps, par la durée du travail que la production de la marchandise a coûté. Mais ce n'est pas, bien entendu, le temps de travail individuel, nécessaire à tel ouvrier pour produire telle marchandise, qui est pris en considération; c'est le temps de travail moyen « socialement nécessaire » à la production de tel objet, c'est-à-dire exécuté avec le degré moyen d'habileté et d'intensité des ouvriers d'un pays donné et dans la moyenne des conditions habituelles de ce pays.

Cette fixation, peut-être assez aisée dans les branches de la production qui disposent de moyens à peu près semblables, va rencontrer en agriculture des difficultés particulières. Car on ne pourra pas, en raison des différences très profondes de valeur qu'offre la terre, ne donner à un produit qu'une seule cote en crédit applicable à l'ensemble du territoire. On s'efforcera bien de mettre aux mains des travailleurs les mêmes outils, également perfectionnés; mais on ne peut unifier la valeur des agents naturels et faire que de celle de la terre ne dépende, pour une grande part, la productivité du travail agricole; tel champ, de fertilité médiocre, ne produira jamais, quoi qu'on fasse, que dix hectolitres de blé, alors

que tel autre en produit cinquante sous l'action d'un
même travail; chacun sait, par exemple, que la production d'un hectolitre de blé coûte moins de travail en
Flandre que dans la Creuse. On ne peut évidemment
faire supporter aux individus les conséquences de ces inégalités; on ne peut concevoir qu'un cultivateur, parce que
le hasard l'aura fait naître sur une terre ingrate ou
qu'une influence quelconque l'aura dirigé de ce côté,
reçoive cinq fois moins de bons qu'un autre, à égalité
d'efforts, parce qu'il n'aura pu tirer du sol qu'un hectolitre de blé au lieu de cinq. « Il n'y aura entre les
travailleurs, écrit M. Jaurès, aucune inégalité préalable
résultant soit de l'outillage, soit de la matière première
avec laquelle ils travaillent. » Pour éviter que la rente
différentielle n'entre dans la rémunération, pour dis-
cerner le rôle des facultés personnelles du producteur,
une pluralité de cotes en crédit seront vraisemblablement
établies. Ainsi l'Administration devra faire une série d'ex-
pertises singulièrement délicates et compliquées, pour
dégager la part qui revient aux agents naturels. Il lui
faudra déterminer sur chaque champ l'effet de l'unité de
travail moyen, et cela, eu égard aux différents produits
agricoles, qui ne demandent pas tous la même nature de
sol; tel champ, où ne pousse qu'à grand'peine un blé
chétif, peut en effet se couvrir de vignes florissantes, et
l'on comprend, si sa valeur avait été appréciée au point
de vue du blé, combien l'ouvrier serait favorisé aux
dépens des camarades, s'il abandonnait en cet endroit
la culture du blé pour celle de la vigne (1).

Et puis, dans cette estimation, l'administration devra
tenir compte non seulement des qualités intrinsèques
des terrains, mais encore des conditions de la culture,
des facilités de communication, et surtout des moyens
d'exploitation employés; car, si les outils seront répartis
avec équité entre les producteurs, ils ne peuvent être uti-

(1) M. Maurice Bourgoin : *La Valeur dans le système collectiviste (Revue po-*
litique et parlementaire, 1901).

lisés partout, ainsi la charrue à vapeur, les moisson-
neuses perfectionnées, par exemple, sur des terrains
trop accidentés ou coupés par de nombreux fossés.

Les cotes en crédit devront donc être multipliées à
l'extrême et leur justesse sera en raison directe de cette
multiplication. De sorte que le prix des produits versé
aux cultivateurs sera fixé non plus d'après la quantité de
travail socialement nécessaire à leur production, mais
d'après le temps de travail localement nécessaire.

Et aussi temporairement nécessaire, car ces tarifs, si
exacts soient-ils, ne pourront avoir qu'une exactitude
provisoire. Que la productivité générale du travail
vienne, en effet, à diminuer ou à augmenter avec le changement des conditions atmosphériques, sous l'action des
progrès techniques ou d'une cause quelconque, il faudra
les réviser pour leur conserver quelque justesse ; et l'on
peut prévoir que ces révisions devront être fréquentes,
si l'on en juge par les variations très rapides que subit
la valeur du sol.

Ne devra-t-on pas, enfin, faire état des agents extérieurs qui viennent journellement modifier la somme
normale de travail incorporée dans chaque objet, les
épizooties, la sécheresse, la grêle, qui soumettent la
qualité et la quantité des produits à de si grandes
oscillations ?

Il semble superflu d'insister sur la complexité de cette
tâche ? En admettant que l'État s'efforce de la remplir
avec la plus grande équité, ne peut-on penser qu'elle
excédera ses forces, si parfait soit-il, lorsqu'on songe aux
fraudes de tous genres qu'il devra déjouer, aux difficultés sans nombre qu'il rencontrera (1).

Ainsi, l'établissement d'une rétribution équitable
trouvera de nombreux obstacles en agriculture. C'est le
travailleur qui en pâtira.

(1) En fait, dans les Bourses d'Owen, qui reposaient aussi sur le système du travail moyen, c'était la déclaration faite par l'ouvrier qui livrait
la marchandise au magasin, qui servait de base. Les caissiers collectivistes
n'en seront-ils pas réduits à cette extrémité ?

Suivant quelle base, en tout cas, les produits agricoles ainsi obtenus seront-ils livrés aux consommateurs? Quelle sera la cote en prix? Elle devra être uniforme, malgré la différence du coût de production, pour les produits de même qualité et de même espèce. Sinon, les acheteurs voudraient tous avoir du blé de Beauce, par exemple, qui aurait demandé le moins d'heures de travail et coûterait, par conséquent, le moins cher; chacun s'efforcerait alors d'arriver le premier au magasin ou de conquérir l'amitié du préposé. Le prix du blé sera simplement obtenu en divisant le nombre d'heures de travail que représentent les différentes quantités de blé par le nombre d'hectolitres récoltés.

Ainsi, pour l'établissement de la cote en crédit, le temps de travail localement nécessaire sera pris en considération; pour celui de la cote en prix, ce sera le temps de travail socialement nécessaire; par dérogation à la règle générale, le produit ne sera pas vendu pour une somme de bons égale à celle des heures de travail qu'il a coûtées; les deux cotes ne coïncideront pas. Les choses ne se passent pas autrement sur les marchés de la société actuelle. Seulement, c'est le consommateur qui bénéficiera de la rente, puisqu'il payera son blé au coût moyen, au lieu du coût le plus élevé.

Ainsi, l'équivalence en travail est rompue; les producteurs ne jouiront pas tous du produit intégral de leur travail, ils ne pourront pas tous, avec leur seule rémunération, racheter leur produit. Supposons, en effet, que

le groupe local A apporte 20 hectolitres de blé estimés 100 heures de travail.
— B — 20 hect. de même blé — 120 — —
— C — 20 — — — 80 — —

La cote en crédit est 5 bons pour le premier, 6 pour le deuxième, 4 pour le troisième; la cote en prix est ($\frac{300}{60}$) 5 bons.

Le premier groupe rachètera son produit; le second, plus que son produit; le troisième, moins que son produit.

On s'éloigne encore plus de l'équivalence en travail si l'on considère certains produits rares qui valent surtout par leurs qualités naturelles, grâce auxquelles certains vins, par exemple, comme celui du clos Vougeot jouissent de l'estime générale. La cote en crédit ne sera pas modifiée, mais elle ne pourra évidemment concorder avec la cote en prix qui variera avec le degré plus ou moins grand d'utilité finale. C'est un prix de concurrence qui sera établi, comme aujourd'hui, suivant la valeur d'usage sociale.

Les qualités du produit peuvent dépendre aussi de l'habileté de l'ouvrier. Dans ce cas, on introduira des différences non seulement dans les cotes en prix, mais aussi dans les cotes en crédit, sans quoi le producteur n'aurait aucun intérêt à soigner son travail. Ainsi, l'élévation de la cote en crédit sera tout à fait indépendante du temps de travail nécessaire, et l'équivalence en utilité semble bien se substituer à l'équivalence en travail.

Celle-ci ne conserve un peu de réalité que si on la considère de haut, en ce sens que le travail fourni par les travailleurs pris comme masse fera retour aux travailleurs. Mais la formule ne s'applique pas aux travailleurs pris séparément. Ce sont simplement les revenus sans travail qui disparaissent.

Le droit au produit intégral du travail se manifeste, en effet, sous deux formes : 1° la forme positive : le travailleur doit recevoir toute la valeur créée par lui ; 2° la forme négative : c'est la suppression des revenus sans travail. Le cultivateur socialiste ne connaîtra que celle-ci, en admettant encore que l'établissement de la rémunération soit faite avec toutes les garanties d'exactitude et d'équité désirables.

La disparition des revenus sans travail sera-t-elle suffisante pour apporter une amélioration appréciable à la situation du travailleur agricole ? Certainement non. D'abord, il ne bénéficiera pas de la rente. On sait, d'autre part, que la répartition des profits industriels entre les ouvriers augmenterait d'une manière insensible leur salaire, dont la masse est infiniment plus importante que celle des dividendes. Il en est à peu près de même pour l'agriculture.

c) ATTEINTES A LA PRODUCTION.

Et l'*augmentation des frais généraux* ne viendrait-elle pas aussitôt absorber et dépasser ce modique supplément de rémunération ? Nous sommes persuadés que les prélèvements sociaux nécessaires opérés sur le produit du travail, excéderaient beaucoup les prélèvements capitalistes, même ajoutés à l'impôt actuel.

S'il est peut-être exagéré de dire que la moitié de la nation serait occupée à faire travailler l'autre, l'effectif de l'armée bureaucratique serait en tout cas considérable ; les fonctionnaires improductifs, inspecteurs, contrôleurs, surveillants, constitueraient une masse imposante et absorberaient une large part de la production. Et puis les travailleurs, à tous les degrés de l'échelle administrative, seraient trop indirectement intéressés pour produire avec économie. C'est un fait d'expérience que le coulage, le gaspillage de forces et de capital sont en raison directe de l'importance des entreprises. M. Otto Hertz, dans un livre qu'il publia en réponse à l'ouvrage de M. Kautsky sur « la question agraire », observe que les meilleurs employés des grandes propriétés sont négligents, gaspillent le temps et se donnent du plaisir aux frais du maître. Ainsi, la propriété du prince Estherazy, que Kautsky cependant cite comme exemple, rapporte seulement, en réalité, 2 %, alors que les terres voisines exploitées par leurs propriétaires rapportent 8 %. De même, les domaines d'État sont peu productifs, et cela, en culture intensive aussi bien qu'en culture extensive, comme dans les Alpes. D'ailleurs, Adam Smith déjà, se plaignait que le rapport des biens d'État n'atteignait même pas le quart de celui des biens particuliers.

Au moins, dans ces grandes propriétés privées, continue M. Hertz, on peut chasser les employés qui ne travaillent pas; mais dans l'État collectiviste !..., Quoique, d'une façon générale, dans les vastes exploitations agricoles, la répression des négligences soit toujours très difficile. Comment, en effet, établir au bout d'un certain temps, qu'un ouvrier a commis une faute, que, par exemple, il a répandu les engrais deux jours trop tôt ou deux jours trop tard ? La Cour de discipline ne pourrait savoir si tel travail aurait dû être exécuté à telle époque précise. Il faudrait placer un surveillant à côté de chaque ouvrier. C'est pourquoi un très distingué socialiste de la chaire, le professeur Schérel, déclare que l'application du collectivisme à l'agriculture est aussi « impossible que possible »; les faiblesses de la grande propriété se multiplieraient à la suprême puissance. Et M. Hertz, dont l'ouvrage révèle cependant une tendance socialiste marquée, et qui est un admirateur de M. Jaurès, « la tête la plus spirituelle du socialisme français », *der feinste Kopf der franzosischen Socialismus*), n'hésite pas à prédire le plus sombre avenir à l'agriculture collectiviste (1).

De fait, au point de vue de l'importance des frais de production, celle-ci risquerait fort de dépasser les diverses branches de l'activité économique. A la différence de ce qui se passe dans l'industrie, le partage des travaux, qui est une source d'économie et qui facilite le contrôle économique, y est en effet presque impossible. La surveillance, au lieu de s'exercer facilement dans un atelier, devrait s'étendre à des ouvriers disséminés sur de vastes étendues; la discipline du travail rencontrerait les plus grands obstacles. Et ces difficultés, singulièrement accrues par ce fait que le résultat des travaux agricoles n'est appréciable qu'au bout d'un temps plus

---

(1) Friedrich Otto Hertz. *Die agrarischen Fragen im Verhœltnis zum Socialismus* (Préface de M. Bernstein. — Wien 1899. — Rosner), p. 92 et s., 110 et s.

ou moins long, devraient être résolues par des fonctionnaires qui n'auraient aucun intérêt direct sérieux à ce
que les frais de production fussent réduits au minimum,
et qui, par conséquent, s'abstiendraient de faire preuve
d'une grande sévérité dans le contrôle et d'une vive
ingéniosité dans la recherche des moyens propres à
favoriser les économies. La gestion collectiviste serait
extrêmement dispendieuse.

*Le produit brut va-t-il au moins augmenter dans de
telles proportions, que la part de chaque travailleur sera,
malgré tout, considérablement accrue?* C'est la prétention
des collectivistes. Ils manifestent à ce sujet le plus grand
optimisme et y insistent beaucoup, comme s'ils voyaient
là le point faible de leur système, et voulaient le mettre
en état de résister le mieux possible aux critiques qu'il
ne peut manquer de soulever.

Et d'abord la substitution à l'anarchie économique
actuelle, fruit de la libre concurrence, d'une organisation unitaire et consciente de la production, en régula-
risant celle-ci, en la soustrayant à la lutte affaiblissante
des forces individuelles ennemies, en évitant les gaspillages et les pertes, assurerait un premier progrès.

Nous ne croyons pas que l'état économique actuel
soit si rempli d'incohérences. Les socialistes confondent
absence d'organisation avec absence d'organisation par
voie d'autorité. Une force inconsciente n'est pas nécessairement une force anarchique. De ce fait que notre
société économique n'a pas d'organisation imposée, on
ne peut induire qu'elle soit inorganisée. Elle possède
au contraire une organisation, aussi bonne que possible
dans l'état présent, mais qui est spontanée, qui résulte
de l'action, de la lutte, de la concurrence même des
forces individuelles en présence. Grâce aux lois naturelles qui la dirigent, la production s'ajuste merveilleusement à la consommation. Le producteur apporte son
produit sur le marché, parce qu'il retire, de son prix, ses
frais de production, plus un certain bénéfice. S'il arrive

que le consommateur ne soit plus disposé à faire le sacrifice suffisant pour se procurer cet objet, c'est-à-dire si l'utilité de celui-ci décroit, il en restreint la fabrication, ou même l'abandonne complètement pour un autre. Ainsi l'équilibre se fait naturellement entre la production et les besoins de la consommation.

Le collectivisme laisse à des comités spéciaux le soin de l'établir. Sans autre guide que des statistiques, quelques hommes devront diriger les branches les plus touffues de la production, satisfaire à tous les besoins, essentiellement capricieux et variés à l'infini. Mais la lourdeur de cette tâche ne semble-t-elle pas dépasser les forces humaines? C'est avec peine qu'on assure aujourd'hui l'alimentation d'une armée et l'État prétend subvenir aux besoins de quarante millions d'individus ! En admettant qu'il se trouve des hommes capables de pourvoir à cette réglementation artificielle, de ne pas s'embrouiller dans cette comptabilité compliquée, peut-on supposer néanmoins qu'ils ne se tromperont jamais, que leurs statistiques, en lesquelles ils placent, un peu témérairement semble-t-il, une si absolue confiance, n'abriteront pas quelques erreurs ou que leurs chiffres ne permettront pas de multiples interprétations? Prévoit-on les troubles qui résulteront des fautes de calcul, puisque aucun autre producteur ne sera là pour les réparer? Et dans l'agriculture, comment prévoir et faire la part des agents extérieurs qui viennent influencer la production ?

En réalité, c'est justement dans cette prétention d'imposer à la société une volonté réfléchie pour régler ses fonctions automatiques, que réside la faiblesse du collectivisme. On peut assimiler à cet égard l'organisme humain à l'organisme social. Non seulement, en effet, les fonctions les plus essentielles du corps de l'homme s'opèrent mécaniquement, la circulation du sang est assurée sans que le cerveau s'en mêle, mais encore elles ne peuvent s'opérer que mécaniquement : c'est ainsi qu'il suffit d'appliquer sa volonté à diriger les mouvements de la respiration, pour qu'on ressente aussitôt des troubles très douloureux.

La direction autoritaire de l'État ne se contente pas seulement d'assigner sa tâche à chaque branche de l'activité, elle intervient dans tous les actes, dans tous les détails de la production. Nous avons déjà fait allusion au système réglementaire de la période mercantile. L'État fut, à cette époque, animé de tendances quasi-socialistes. Il vit en soi le moteur indispensable du mouvement économique: il crut que la liberté de la production ne pouvait conduire qu'à l'anarchie et qu'il était seul capable d'assurer la prospérité générale.

Le développement économique alors peu avancé, les capitaux peu abondants, le manque d'organisation des forces économiques individuelles justifiaient en partie cette action et cet état d'esprit. Nous avons vu néanmoins que la liberté en souffrit. Il en fut ainsi de la production. Pour approvisionner les provinces, on réglementa le commerce et l'on provoqua la disette alors qu'on se proposait de l'éviter. Les fabricants durent suivre en toute chose les vieux procédés conservés par la tradition, « les bonnes coutumes du métier ». L'État enseigna la technique et les méthodes de fabrication. Il ne sut pas toujours se montrer excellent professeur. La routine s'établit en souveraine maîtresse, la production se ralentit, l'initiative individuelle et l'esprit inventif furent entravés.

Comme cette intervention prendrait son extension maxima dans le collectivisme, ses funestes effets atteindraient le même développement.

L'agriculture en souffrirait plus encore que toute autre branche de l'activité économique. Sous un certain aspect cependant, elle peut sembler relativement compatible avec l'organisation socialiste. Les travaux agricoles sont en effet d'une grande simplicité d'exécution, leur époque et leur nature ne varient guère; la qualité des pro-

duits n'est pas liée au perfectionnement des instruments de travail comme celle des produits industriels
(le blé de la culture à la bêche est le même que celui
des grandes exploitations américaines), ils sont toujours les mêmes, le caprice de personne ne peut les
modifier profondément, et le succès du cultivateur ne
dépend pas de son habileté plus ou moins grande à
satisfaire ou à provoquer le goût du consommateur. La
nécessité d'une direction éveillée, inventive, s'impose
donc peut-être moins ici que dans l'industrie. Mais, en
revanche, si l'industriel est maître de son travail, l'agriculteur est esclave de la nature; son travail comme celui
de ses machines est soumis aux forces naturelles, aux
circonstances atmosphériques. Il arrive ainsi souvent
que les travaux des champs exigent de rapides décisions. En régime agricole administratif, toute opération
imprévue ou dont il serait utile de modifier quelque peu
l'époque préalablement fixée, ne pourrait se faire sans
demande d'autorisation et de renseignements multiples
aux supérieurs et aux bureaux. Lorsque la réponse arri-
verait, le moment favorable serait passé. Et puis, les
mêmes produits et les mêmes procédés d'exploitation ne
peuvent convenir aux différents terrains dont la nature
et la disposition offrent les plus grandes dissemblances.

La production agricole, plus que toute autre, est
donc incompatible avec les règles uniformes, rigides et
lourdes de l'administration, impuissante à prévoir les
brusques variations et les faits exceptionnels (1).

(1) Nous trouvons une faible indication des résultats que cette organisation produirait, dans des usages anciens, conservés par certaines municipalités françaises: ce sont les bans de moisson, de fauchaison, de vendange,
qui fixent l'époque d'ouverture des différentes récoltes. Ces mesures, d'ori-
gine féodale, sont la négation du droit qui appartient à tout cultivateur de
faire ses récoltes comme il l'entend, et constituent autant de violations de la
liberté du travail et du droit de propriété. Pratiquement, elles sont très
souvent prises à des moments inopportuns, et les cultivateurs s'en plaignent
vivement, car ils se croient meilleurs juges de la maturité de chaque récolte
que l'administration municipale, et n'admettent pas que celle-ci impose
l'uniformité là où l'exposition du sol, sa constitution, la nature des plants,
apportent la diversité.

Au moins, à l'époque de la réglementation monarchique, l'intérêt personnel et la concurrence subsistaient; ils arrivaient à desserrer les entraves mises à la production, et malgré tout, tenaient en activité l'esprit inventif.

Dans le régime collectiviste, l'un et l'autre disparaissent. Le système corporatif, qui avait été construit pour donner asile au premier, menace ruine. Les travailleurs, dit-on d'autre part, seront stimulés par l'aiguillon de la propriété. Mais ce n'est pas à chacun d'eux, pris individuellement, que la propriété est conférée, mais à la collectivité, ce qui affaiblit singulièrement l'excitant, puisque chaque producteur ne pourra jamais recueillir qu'un bénéfice infinitésimal de ses efforts supplémentaires. En réalité, quoi qu'on fasse, l'intérêt personnel comme la concurrence seront bannis de la nouvelle société et on ne les remplacera pas.

Or, il est inutile d'insister sur leur fécondité économique. Ils sont les ressorts indispensables de la production, les instruments nécessaires du progrès. Sans doute l'amour de la science et de la gloire suffisent à stimuler le génie des savants, qui mettent d'ordinaire l'argent en dehors de leurs préoccupations. Mais les améliorations de détail, les perfectionnements d'outillage, les meilleures combinaisons dans l'agencement des services, qui sont les véritables facteurs du progrès journalier et incombent généralement à la direction, réclament la présence de ces deux éléments. Là où ils apparaissent mal, comme dans les administrations d'État, la vigilance et le travail languissent et s'affaissent.

Ici le ressort de l'activité sera brisé; on travaillera en toute nonchalance; on n'aura plus aucun intérêt à surpasser le concurrent puisqu'il n'y aura plus de concurrent; on ne s'ingéniera pas à faire mieux; le génie inventif s'étiolera vite.

En réalité, pour que la production ne se ressente pas de cette disparition, il faudrait que la commotion socia-

liste change la nature de l'homme et que le sentiment
du devoir, le dévouement pour le bien général prennent
largement place dans la vie ordinaire et viennent surexciter l'ardeur au travail, l'activité générale.

Les socialistes croient généralement à cette méta-
morphose des sentiments humains, ils ont confiance en
leur élévation future. C'est une conception très noble.
Mais Aristote observait déjà que chacun songe vivement
à ce qui le touche personnellement, et porte très peu de
sollicitude aux propriétés communes qu'il abandonne
volontiers aux soins d'autrui. Ces constatations n'ont pas
encore cessé d'être vraies.

Doit-on espérer que la supériorité du travail collectif
assurera la prospérité tout en exigeant de moindres efforts?
Si cette supériorité a pu se manifester dans certaines
branches de la production, elle est restée étrangère à
l'agriculture, soit que la simplicité des machines et des
travaux agricoles, leur nature particulière rendent inutiles ou difficiles la division du travail et l'effort collectif, soit en raison du tempérament individualiste du
paysan qui n'est pas très accessible à l'idée de la culture
commune. On ne trouve d'ailleurs que de très rares exemples de coopération de production agricole véritable (1).
L'agriculture proprement dite s'est toujours soustraite à
l'action associative. « Il ne faut point se faire illusion, écrit
M. de Laveleye (2), l'association entre cultivateurs sera
difficile à généraliser. Le succès des expériences faites à
Assington, en Angleterre, et sur le domaine de Tellow,
en Allemagne, est dû en grande partie à l'influence pré-

(1) M. Vandervelde, en particulier, le constate, et déclare que les seuls
succès remportés par la coopération agricole l'ont été dans le domaine de la
manutention et de la vente du lait, et proviennent de ce que « les cultivateurs se font un devoir de baptiser leur lait lorsqu'ils le fournissent à un
entrepreneur, et le donnent exempt de toute adultération à une coopérative
dont ils partagent les bénéfices ». (Le Mouvement socialiste, 15 avril 1901).
Dans ces dernières années, les fermes coopératives des sociétés de consommation anglaises n'ont donné que de très médiocres résultats et les
entreprises agricoles des sociétés coopératives écossaises ont eu un échec
complet.
(2) La Propriété et ses formes primitives,

pondérante de deux hommes très expérimentés. » C'est
le secret du succès de toutes les associations du même
genre, celle de Rahaline notamment, qui fonctionna
quelque temps en Angleterre, vers 1831, et dont le fonda-
teur, Vandaleur, conserva toujours la direction et la
haute surveillance.

Ces sociétés eussent-elles d'ailleurs réussi, en dehors
de cette influence, qu'on ne pourrait les citer comme
des exemples de la viabilité des organisations socialistes
agricoles, puisque l'intérêt personnel et la responsabilité
directe subsistaient en elles.

En tout cas, la direction ou la surveillance d'hommes
expérimentés et intéressés, semble bien être la condition
fondamentale des succès de toute entreprise. Et c'est
pourquoi le collectivisme, en faisant disparaître la classe
des propriétaires fonciers, en remplaçant les fermiers
des propriétaires privés par les fermiers de l'État, dé-
truirait un dernier élément très important de la production agricole.

Les socialistes paraissent méconnaître le véritable
rôle que joue le propriétaire non exploitant. Ils le considèrent volontiers comme un oisif opulent, ne connais-
sant de ses fermiers que leur argent, et dont l'activité
se déploie seulement, pour leur plus grand malheur,
lorsqu'ils ne peuvent payer le terme au jour fixé.

Cette conception, exacte autrefois, ne l'est plus maintenant. Les propriétaires fonciers actuels ont perdu
toute ressemblance avec leurs ancêtres, grands financiers
ou nobles de l'ancien régime, qui excitaient si fort la
colère du marquis de Mirabeau, attachés toute l'année
à Paris ou à la cour et que des intendants rapaces dé-
barrassaient de tout souci.

Les multiples tracas qui assaillent maintenant le possesseur de terres avec d'autant plus de vivacité qu'il
réside loin de son domaine, font que les classes oisives
et opulentes des grandes villes abandonnent de plus en
plus la propriété foncière pour la propriété mobilière.

Le sol appartient de plus en plus à des hommes qui s'attachent à l'agriculture ; les uns cultivent eux-mêmes, les autres prennent des métayers ou des fermiers, mais sont loin de renoncer pour cela à toute action sur la culture. Ce ne sont ni des oisifs insouciants des travaux agricoles, ni des parasites : leur rôle est actif et bienfaisant.

Il est facile de s'assurer la jouissance d'une terre, mais son exploitation entraîne de grandes difficultés, car elle exige beaucoup de capitaux ; les fermiers ne les possèdent généralement pas, ce sont les propriétaires qui les leur avancent à des conditions toujours très avantageuses. L'État collectiviste sera, dit-on, le banquier naturel de tous les producteurs ; soit. Mais le propriétaire ne se borne pas à prêter son argent et son domaine, ou tout au moins, il ne les prête pas à n'importe qui, mais à ceux qui lui paraissent réellement dignes ; il choisit, et cette sélection, qu'il fait avec discernement, car elle engage son intérêt, profite à la nation aussi bien qu'à lui, car elle empêche le gaspillage de capitaux et assure mieux le développement de la production.

C'est lui qui, grâce à son instruction étendue et à son esprit en éveil, prend l'initiative des améliorations et constitue l'agent principal du progrès agricole. C'est lui qui veille au maintien de la fertilité du sol, et pour le plus grand bien général, empêche qu'on ne sacrifie les intérêts du présent à ceux de l'avenir. Non seulement il guide son fermier, mais il l'encourage, le soutient aux heures de détresse, s'associe à ses risques. Entre eux pas d'antagonisme d'intérêts, mais une collaboration incessante et féconde. Et si le propriétaire ne s'acquitte pas ou s'acquitte mal de sa fonction, il est bien rare que son domaine ne dépérisse pas.

A cet agent capable et intéressé, le collectivisme substitue un mécanisme inerte, et c'est celui-ci qui serait chargé de développer la production et d'assurer le progrès !

Pierre Kropotkine, qui fut un anarchiste, il est vrai, affirme que, dans la société de ses rêves troubles, on pourra récolter, sur l'espace d'une centaine de mètres, tout le blé nécessaire à une famille de cinq personnes, grâce aux progrès de la science agronomique, et qu'un travail insignifiant suffira pour le produire (1). La viande et le lait seront obtenus aussi facilement que le pain : simple affaire d'aller s'amuser un peu dans les champs.

Cabet, qui est moins éloigné du socialisme moderne, partage cette foi très ardente. Le paradis icarien sera rempli de biens matériels prodigieusement abondants. Les produits seront développés en grosseur comme en quantité : les yeux des citoyens ravis y contempleront des melons monstrueux gros comme des citrouilles. Ainsi l'État sera certes le maître absolu, mais aussi le père nourricier très large.

« Il faut être enthousiaste pour accomplir de grandes choses », disait Saint-Simon. Cabet l'était à un très haut degré ; mais il ne sut pas tirer parti de ses avantages. Les prédictions de ses successeurs, pour n'être pas aussi enfantines que les siennes, n'en semblent pas moins chimériques ; les faits risquent de leur donner un cruel démenti, si l'organisation socialiste sort du domaine de la théorie.

Les collectivistes déclarent que la petite production est desséchée et mourante, que notre régime est stérilisant et appauvrissant. Il est à craindre que ces expressions ne caractérisent trop nettement la production qui leur est chère ; que cette société « du plus grand bien-être, du perfectionnement harmonique et universel » ne soit aussitôt une société de médiocrité générale et de rationnement ; que ses citoyens, égaux déjà dans la servitude, ne le soient bientôt dans la misère et la famine.

A moins que les nations voisines qui ne l'auront pas

(1) *La Conquête du pain.* p. 276.

suivie dans son expérience, ne la dévorent rapidement ;
ou que la nature humaine violentée, n'attendant pas
ce moment pour recouvrer ses droits, les lois naturelles
qui gouvernent les sociétés et les phénomènes économiques reprennent leur développement, et qu'à la façon
des communautés primitives qui s'écroulèrent sous les
coups de l'individualisme uni aux sentiments du progrès et de la liberté, à la façon du vieux système réglementaire, dont les cadres craquèrent sous la poussée du
libéralisme, cette organisation artificielle s'abîme bientôt
au milieu des premières ruines qu'elle aura causées et
que le progrès poursuive sa marche en avant, un moment interrompue.

§ 3. — ÉTUDE DE QUELQUES ORGANISATIONS ÉCONOMIQUES A TENDANCES SOCIALISTES.

Le collectivisme agraire n'est jamais sorti du domaine
théorique. Cependant, certaines organisations économiques ont fonctionné qui, animées d'un esprit général
voisin, s'en rapprochent plus ou moins. Il est donc utile
de les examiner pour voir quelles indications on en peut
tirer en faveur ou contre ce système.

Les essais de ce genre les plus intéressants ont été
tentés en Australie, dans ce pays jeune, « véritable labo-
ratoire de science sociale », où les projets les plus hardis
trouvent un champ d'application.

Après avoir laissé accaparer les meilleures terres par
les Squatters, le gouvernement cherchait à faciliter
l'occupation du sol par des colons disposés à le cultiver. Dans cette intention, il fit voter, en décembre 1893,
une loi qui prévoit la constitution de villages-associa-
tions (village settlements), devant comprendre un minimum de vingt personnes; elle met des terrains à la disposition de chaque groupe jusqu'à concurrence de
160 acres (640 ares) par tête; les colons doivent posséder

chacun au moins 1,250 francs; le ministre peut leur faire certaines avances; les habitants du village forment une association autonome rédigeant ses propres statuts, mais ils sont responsables solidairement du remboursement des avances et la société ne peut être dissoute avant qu'il ne soit effectué.

Cette mesure ne souleva pas un très grand enthousiasme parmi les Australiens: une seule colonie, Murtho, fut fondée.

Mais, vers cette époque, le pays fut bouleversé par une crise financière très grave; les constructions, le commerce, l'exploitation des mines, se ralentirent brusquement; et comme on traversait alors une période d'activité fébrile, le coup fut d'autant plus sensible. Au début de l'année 1894, une foule d'ouvriers se trouvaient sans emploi.

Le ministre des terres, sollicité par eux, consentit à les faire bénéficier des dispositions de la loi de 1893, bien qu'ils ne remplissaient pas les conditions requises.

Leur premier village, Lyrup, fut établi sur les bords. du Murray, le 22 février 1894 (1). En débarquant, ils s'occupèrent d'assurer leur subsistance et celle de leurs familles. Des abris furent dressés pour les femmes et les enfants. Les hommes commencèrent aussitôt à défricher le sol, quelques-uns allèrent chasser les lapins, les kangourous et les kakatoès ou pêcher l'excellente morue du Murray.

Pendant deux semaines, les colons campèrent sous les grands eucalyptus qui bordent le fleuve, vivant en commun, et le plus parfait accord ne cessa de régner à la grande joie des théoriciens du communisme. Mais celle-ci fut de courte durée; un amer désappointement

---

(1) M. Vigouroux qui visita ces fondations, au cours d'une mission dont il avait été chargé par le Musée Social, donne à leur sujet des renseignements pleins d'intérêt dans le *Bulletin du Musée Social* (Mars 1900).

Voir aussi le rapport de M. Albert Métin, chargé par le Ministre du Commerce d'une mission en Australie et en Nouvelle-Zélande (1899-1900). *(Bulletin de l'Office du Travail*, 1901).

lui succéda bientôt; dès que des lots de terrain eurent été répartis entre les villageois pour leur permettre de se construire un foyer, chaque famille se précipita sur le sien et passa la nuit à y transporter ses effets.

Le régime économique des villages se trouve précisé dans leurs statuts, à peu près tous copiés sur le même modèle.

Admissions. — Expulsions. — L'admission de nouveaux membres est soumise au vote de la majorité. Ils doivent payer un droit d'entrée. Les fils de villageois bénéficient d'une certaine réduction.

Le villageois démissionnaire demeure responsable pour sa part du passif de l'association envers la colonie ou les autres créanciers. L'autorisation du conseil est nécessaire pour qu'un villageois puisse transférer sa part à un étranger.

Il y a huit causes d'expulsion; elles visent surtout l'insubordination ou des censures répétées. L'expulsion est prononcée par le conseil avec droit d'appel devant l'assemblée.

Administration. — Le conseil se compose de cinq membres élus pour un an et rééligibles. Ils choisissent un président au milieu d'eux. Voici les pouvoirs considérables qui leur sont conférés : représenter l'association vis-à-vis du gouvernement; allouer des terres aux villageois; faire élever des constructions; organiser des industries; acheter, entretenir le matériel nécessaire à l'exploitation et en disposer; régler et diriger tout le travail; en fixer les heures. Réglementer l'admission, la substitution et l'expulsion des villageois. Établir et administrer les magasins de fournitures

Déterminer les allocations (denrées alimentaires ou vêtements) destinées aux colons, et qui varient suivant le nombre, le sexe, l'âge des membres de leur famille; elles sont représentées par des coupons que les intéressés peuvent toucher tous les vendredis. Tenir les comptes. Maintenir l'ordre et la discipline. Nommer et révoquer le secrétaire, le trésorier, le médecin de l'association. Punir d'une amende de 250 francs au plus, d'augmentation des heures de travail, de diminution des allocations, tout villageois qui désobéit au réglement.

Devoirs des sociétaires. — Ils sont tenus à l'obéissance et au respect envers les membres du conseil. Ils doivent résider sur les lots de terre qui leur sont assignés et ne pas s'absenter sans autorisation. Le conseil fixe l'époque à laquelle chacun d'entre eux peut prendre son congé réglementaire de deux semaines.

Un dividende, qui ne devra jamais excéder les deux tiers des bénéfices, pourra être distribué. L'association a d'ailleurs le pouvoir de décider que tous les bénéfices seront conservés au fonds commun.

Les effets personnels, mobiliers, vêtements, ustensiles de ménage, restent la propriété particulière de chacun; mais *tous les outils et instruments de production* appartiennent à l'association. Les villageois sont simples usagers du terrain qui leur a été alloué pour y construire leur maison.

L'héritage est naturellement aboli, la part de chaque sociétaire revient à la communauté lors de son décès; mais le conseil peut allouer un secours à la femme ou à tel autre membre de la famille du défunt.

La *dissolution* de la colonie peut être prononcée par l'assemblée générale, à la condition que toutes les dettes soient remboursées; chacun des villageois doit recevoir, sous l'approbation du ministre, une égale part des terrains et du solde actif.

Comment ces organisations ont-elles fonctionné? Fort mal, paraît-il. Il s'agissait, avant tout, de déterminer un emplacement convenable pour y installer des machines élévatoires, d'adopter un bon outillage ainsi que des cultures appropriées et rémunératrices. Il fallait, en outre, que chaque homme fût employé suivant ses aptitudes. Une telle œuvre, pour être menée à bien, réclamait un directeur possédant une grande autorité, très compétent et très stable. Or, si les gens de Murtho, de Moorock, de New-Résidence, n'ont introduit dans leur conseil que de légers changements et y ont appelé de préférence d'anciens fermiers, Lyrup, en revanche, au mois de novembre 1895, c'est-à-dire moins de deux ans après sa fondation, a déjà changé quatre fois ses administrateurs: un tondeur de moutons a été président du conseil à plusieurs reprises, mais jamais l'horticulteur, les trois fermiers et les six jardiniers qui faisaient partie du village, n'y ont figuré. À Pyap, il y avait un bushman, quatre fermiers et trois jardiniers; un seul jardinier a été élu au troisième conseil. Holder a changé cinq fois de conseil et n'a élu des fermiers qu'au deuxième et au troisième. Ramco a nommé un bushman au premier conseil et en a changé quatre fois. Le bushman, les jardiniers qui faisaient partie de Gillen, n'ont jamais figuré dans l'administration.

Les villageois ne se sont donc pas signalés par des choix très judicieux, et ces changements fréquents n'étaient pas la marque d'un parfait accord entre eux et les directeurs. Ceux-ci, en effet, si habiles, si équitables fussent-ils, devaient fatalement soulever beaucoup de mécontentements : les sociétaires commandés, par exemple, pour un travail qui leur déplaisait, ne manquaient pas de leur garder quelque rancune, et les assemblées générales qui avaient lieu tous les mois, leur donnaient la plus grande facilité pour exposer leurs griefs, comme aussi pour bouleverser à intervalles réguliers et rapprochés le travail et les projets de leurs administrateurs, puisque toutes les décisions importantes que ceux-ci avaient pu prendre, devaient être soumises à leur approbation; ils le faisaient peut-être avec d'autant moins de discernement que le capital social leur avait été concédé par l'État, et qu'ils ne redoutaient pas ainsi de supporter directement les risques de leur imprudence. On juge des efforts que les directeurs devaient faire pour arriver au terme de leur mandat et des raisons qui les déterminaient souvent à se retirer avant d'y avoir touché.

On comprend aussi que ceux qui désiraient se maintenir longtemps à leur poste étaient conduits à oublier quelque peu les statuts primitifs, à ne plus prendre souci que des intérêts et des réclamations de la majorité dont ils dépendaient. Ce fut une première cause de la scission qui se produisit bientôt.

Certains vices d'organisation l'accentuèrent encore. Au début, on n'avait, en général, fixé aucune limite aux prélèvements de chacun dans les magasins publics. Mais de nombreux abus s'étant produits, on avait dû proportionner rigoureusement les rations aux besoins, c'est-à-dire allouer à chaque famille une quantité de bons variable avec son importance numérique. Mais les célibataires, en particulier, ne pouvaient trouver longtemps équitable de travailler pour les femmes et les enfants des autres. La plupart se retirèrent et allèrent fonder de nouveaux villages.

Le travail même était mal organisé et mal dirigé : « A sept heures et demie (1), répond le président de l'as-

(1) *Enquête parlementaire anglaise*, octobre 1895. (King et Son, édit., Londres). — M. Pierre Leroy-Beaulieu en donne quelques extraits dans son livre sur *Les Nouvelles Sociétés Anglo-Saxonnes*.

sociation de Gillen aux commissaires enquêteurs délégués par le gouvernement anglais, nous sonnons la trompe; à huit heures, nous nous mettons au travail; nous avons un quart d'heure pour fumer entre dix et onze, puis nous dînons à midi. Le travail est repris à une heure; à trois heures et demie, repos d'un quart d'heure, et à cinq heures, nous rentrons chez nous ». Cette limitation de la journée de travail ne semblait d'ailleurs pas applicable aux femmes: à Holder, la commission d'enquête arrive vers six heures du matin et ne trouve dans les champs qu'une femme coupant du vert pour les vaches : « Trouvez-vous bien qu'une femme soit dehors pour travailler pendant que les hommes ne font rien? — Oh! elle était sans doute dehors pour sa santé! » répond le président de l'association.

La journée de sept heures et demie appliquée au travail agricole, si variable suivant les saisons, si étroitement dépendant des circonstances atmosphériques, ne pouvait engendrer une bien grande prospérité.

Et encore, le peu d'activité dépensée l'était souvent en pure perte. Dans l'une des communautés, après avoir défriché une pièce de terre, on n'a pu s'entendre sur ce qu'il convenait d'y planter; elle est restée en jachères. Ailleurs, pour satisfaire tout le monde, on a essayé simultanément une quantité de cultures diverses dont la plupart n'ont pas réussi.

A côté de ces mauvaises méthodes de travail, le bon ordre est assez mal assuré à l'intérieur de ces colonies et la justice y semble boiteuse : « Votre agresseur a-t-il été puni? demande-t-on à un habitant de Holder. — Non. Beaucoup croient que la justice ne peut les atteindre ici et qu'il n'y a aucun recours ». Le même témoin raconte qu'un de ses camarades ayant eu un membre brisé, les directeurs, cette fois, ont décidé l'expulsion du coupable, mais l'assemblée générale a refusé de la voter.

La condition des habitants, mal nourris, mal logés, était assez misérable, l'injustice les atteignait à tour de rôle : de tels résultats ne devaient pas exciter un bien grand enthousiasme en faveur du communisme. Ce fut lui, en effet, qu'on accusa bientôt d'être la cause de tout le mal, et rapidement, il se forma au sein des villages, affaiblis par de nombreuses défections, un parti individualiste important composé surtout de ceux qui avaient quelque connaissance de l'agriculture : « J'étais partisan de la coopération socialiste, déclare un témoin, mais depuis, j'ai passé six mois ici ; ce régime ne vaut rien ». — « Etiez-vous communiste quand vous êtes arrivé ici ? demande-t-on à un habitant de Pyap. — J'étais un grand partisan de la terre pour le peuple. Je croyais que nous allions être comme frères et sœurs. — Cela a-t-il marché ? — Non, j'ai vu que cela ne pouvait pas marcher.— Croyez-vous « à la terre pour le peuple » maintenant? — Non, je crois « à la terre pour moi ». — Partout, les villageois déclarent le système pourri : jamais on ne réussira dans cette voie, l'application de la journée de huit heures à l'agriculture est absurde. Presque tous trouvent inique l'obligation du travail en commun, dont ils avaient cependant accepté le principe ; ils réclament le partage du sol en petites propriétés individuelles.

La situation financière de ces communautés ne pouvait être brillante : elle était, en réalité, déplorable. Partout, le maximum des avances que devait faire l'État avait été largement dépassé, et l'on ne cessait de lui adresser des appels pressants ; quant au remboursement des dettes, il n'en était même pas question. Le rapport de la commission d'enquête, terminé le 14 novembre 1895, reproduisait les observations suivantes : « Le gouvernement qui, aux termes de la loi de 1893, ne devait pas dépasser le chiffre de L. st. 13.000 à 15.000, a consenti des avances se montant à L. st. 26.079, et d'autres sommes lui sont encore dues pour services rendus ou marchandises fournies... Deux des villages pourraient peut-être se tirer d'affaire sans l'assistance du gouvernement, et encore cela est douteux. Mais quelques-uns

9

succomberont par la force des choses, même si cette assistance leur est continuée ».

Peut-être le gouvernement les aurait-il abandonnés si l'opposition n'avait fait autant de bruit autour « des dépenses imposées aux contribuables pour se livrer à de coûteuses expériences communistes », et sans la crainte de l'effet désastreux qu'aurait produit l'aveu d'un échec absolu. Peut-être, cependant, croyait-il encore à la possibilité du succès qu'il désirait vivement (1).

En tout cas, il fit voter une loi l'autorisant à continuer ses avances et prorogeant le délai de remboursement. Il obtenait aussi des pouvoirs plus étendus pour contrôler l'administration intérieure de chaque village. En même temps, il défendait toute nouvelle fondation.

Enfin, pressé par les individualistes, il consentit à introduire dans deux villages, à titre d'essai, une organisation mixte destinée à conserver le travail en commun, tout en permettant à chacun de recueillir, dans la mesure du possible, le résultat de ses propres efforts. Le travail collectif (défrichement, irrigation, par exemple), fut désormais dirigé par un homme du métier, un manager élu pour cinq ans, mais avec l'approbation du ministre, qui posséda le droit de le révoquer, tant que l'association n'aurait pas payé ses dettes. Il pouvait d'ailleurs révoquer aussi les administrateurs qui subirent en outre le contrôle étroit d'un expert. Le directeur se trouva placé ainsi dans une situation suffisamment indépendante vis-à-vis des colons. Ceux-ci ne furent plus rétribués selon leurs besoins, mais d'après leur tâche, toutes les fois que cela fut possible. D'autre part, chacun d'eux reçut, à titre de propriété particulière, un lot de terre auquel il put consacrer une partie de son temps et de ses ressources.

(1) M. Pierre Leroy-Beaulieu qui a bien voulu nous communiquer quelques renseignements sur ces fondations, nous met en garde contre l'optimisme dont le gouvernement et les agents australiens font généralement preuve à leur égard.

Cette organisation, encore très récente, n'a pas encore
fait complètement ses préuves dans les deux villages,
Ramco et Lyrup, où elle fonctionne. Néanmoins, elle
apparaît dès maintenant comme très supérieure à celle
qui l'a précédée. Ces exploitations, autrefois misérables,
semblent actuellement assez prospères. En 1899, les
colons avaient déjà pu rembourser une partie des avances consenties par l'État, et cultivaient une grande étendue de terrain qu'ils avaient défrichée; ils se déclaraient
satisfaits du nouveau régime et leurs petites propriétés
particulières semblaient les attacher très fermement au
sol. Les femmes seules manifestaient leur mécontentement. Était-ce regret de ne pouvoir plus exploiter les
célibataires, qui avaient peut-être excité leur rancune,
en allant fonder ailleurs des villages distincts ? M. Vigoureux, dont ce fut la pensée première, n'hésita cependant
pas à la rejeter devant l'accueil très gracieux qu'il reçut
d'elles.

Ces essais fournissent à notre sujet de précieuses indications. Certes, on peut prétendre que ce ne furent pas
des organisations communistes, à proprement parler. Il
est vrai que le gouvernement n'a jamais songé à faire du
socialisme officiel. Si la loi de 1893, destinée à créer une
classe de petits paysans propriétaires, et qu'on appliqua
aux ouvriers sans travail pour leur venir en aide et les
éloigner des agglomérations urbaines, instituait provi-
soirement la forme communautaire, c'est que le ministre avait pensé que les difficultés de défrichement considérables sur ces terrains vierges, la nécessité de grands
travaux d'irrigation, rebuteraient certainement des individus isolés ne disposant pas d'un capital important et
que l'effort concerté pouvait seul réussir. D'autre part,
comme il avait, sans doute, une grande expérience des
hommes, il prévoyait que les colons succomberaient vite
à la tentation de se partager le sol, gage du remboursement de ses avances; et ne voulant pas en laisser amoin-

drir la valeur par une division inopportune, il prohiba
la dissolution des sociétés avant le complet acquittement
des dettes Ces réserves faites, le ministre laissait aux
villageois une grande autonomie. Le capital devait rester commun, le travail être exécuté collectivement, mais
libre à eux de l'organiser à leur gré.

Il est probable aussi que la plupart des sans-travail
qui sollicitèrent les largesses gouvernementales, n'en-
tendirent pas faire, au moins dès le début, une expérience communiste. Il n'y eut guère que les habitants de
Murtho qui poursuivirent un idéal socialiste, et, dépassant le système d'Henry George dont ils se réclamaient,
essayèrent de mettre en pratique leur théorie particulière.

On ne peut prétendre non plus que toutes les dispositions de statuts soient la marque du plus pur socialisme.

Malgré cela, puisque nous constatons que ces cultivateurs travaillaient en commun sur une propriété collective et sous l'autorité d'administrateurs élus par eux,
qu'ils n'étaient pas stimulés par l'intérêt personnel ni
libres de diriger leurs efforts où ils voulaient, que
l'héritage était supprimé et qu'ils ne possédaient en propre que leurs effets personnels, qu'ils tiraient leurs
vivres, leurs vêtements d'un magasin public, ne peut-on
dire qu'en gros, ces colonies ont assez de points communs avec les organisations socialistes écloses dans le
cerveau des réformateurs sociaux modernes, pour qu'il
soit permis d'en tirer d'utiles enseignements à l'égard
de celles-ci? Nous le croyons d'autant plus volontiers
que ces expériences sont récentes et qu'elles ont été faites
par des hommes de notre civilisation dans des conditions économiques à peu près semblables à celles des
sociétés européennes.

Donc, à tout prendre, la leçon est intéressante et ins-
tructive: ces fréquents changements du personnel de
l'administration, ces nominations de directeurs généra-

lement peu qualifiés, la complaisance de ceux-ci vis-à-
vis de la majorité dont ils dépendaient, leurs tracasseries,
leur injustice à l'égard de la minorité, le manque d'unité
dans la direction du travail, la mauvaise conduite des
exploitations, la sympathie très modérée des associés
pour le labeur et leur amour des longs repos, les désaccords continuels, souvent très violents, les scissions qui en
résultaient et, conséquence fatale, une production
réduite à rien, une situation matérielle et financière
déplorable, tous ces écueils contre lesquels sont venues se
briser les fondations sud-australiennes, nous craignons
de les voir se dresser devant toutes les organisations du
même genre, d'autant plus sûrement que leurs éléments
socialistes seront plus complets.

Nous reconnaissons volontiers que ces villageois du
Murray ne se trouvèrent pas placés dans des conditions
complètement favorables : la terre couverte d'une végétation touffue, le climat très sec, les eaux du fleuve trop
basses, leur suscitèrent de grandes difficultés ; en outre,
la plupart d'entre eux, anciens ouvriers urbains, n'étaient
pas familiarisés avec les travaux des champs.

Mais il ne faut pas oublier non plus les facteurs favorables dont ils bénéficièrent : ces ouvriers étaient habitués au travail collectif ; ils n'avaient jamais détenu de
propriété personnelle, et le souvenir de la terre fami-
liale, objet de leur bonheur ancien, ne pouvait les
décourager ; ils ne laissaient derrière eux aucun dom-
mage, aucune ruine, car l'État, propriétaire de la presque
totalité du sol, avait pu leur octroyer ce terrain sans
léser personne. Et puis, c'est à ces grandes œuvres de
défrichement, d'irrigation, que le travail en commun
s'adapte le moins imparfaitement. L'étroitesse de l'entreprise, surtout, rendait le succès plus facile. Malgré
cela, l'échec survint, la moitié des villages furent liqui-
dés, et l'on se demande ce que seraient devenus ces
malheureux colons et quel eût été le désastre, si leur
organisation avait été étendue à toute l'Australie, s'ils

n'avaient pu être protégés et recueillis par l'État capitaliste qui avait déjà tant fait pour eux.

Les modifications introduites dans le fonctionnement de ces villages et leurs résultats ne sont pas moins intéressants à noter : le travail en commun ne fut maintenu que là où il était nécessaire; le ministre mit la direction à l'abri des caprices des électeurs et lui assura, en même temps que l'indépendance, une situation convenable, la stabilité, la compétence; le sentiment de l'intérêt personnel naquit avec le lot de terre individuel et surexcita d'autant mieux l'activité, que chacun put appliquer son salaire à l'amélioration de sa concession. Alors seulement les désaccords et l'oppression disparurent, la prospérité survint avec la justice et la liberté. Il est vrai qu'en même temps, les inégalités, évanouies au sein de la misère commune, commencèrent à se manifester.

Nous trouvons une nouvelle preuve du manque de viabilité des organisations socialistes dans un autre essai, assez voisin du précédent, mais de tendances communistes cependant plus caractérisées.

Un certain nombre de ces colons australiens sans travail, d'esprit plus indépendant ou plus aventureux, dédaignèrent les offres généreuses de leur gouvernement; ils se laissèrent facilement persuader qu'ils trouveraient, dans une organisation communiste, l'aisance et le bonheur que la société actuelle était incapable de leur donner et prétendirent en fournir au monde une preuve décisive (1).

Ils élaborèrent des statuts dont voici les principales dispositions:

Attendu que la liberté et le bonheur seront impossibles tant que les travailleurs vivront dans un état de dépendance, et tant que

(1) Charles Droulers (*Réforme sociale*, 1er août 1895).

l'égoïsme causé par l'insécurité de la vie empêchera les hommes de voir qu'il faut s'assurer les uns les autres contre la ruine.

Attendu que la faiblesse, l'ignorance et le scepticisme des foules, sont le plus grand obstacle à l'avènement d'un ordre social qui assurerait à chaque citoyen la sécurité contre le besoin, et lui permettrait de développer au plus haut point les facultés essentielles de la nature humaine,

Pour ces raisons,

Il est désirable et nécessaire que par l'établissement d'une communauté dans lequel tout travail soit en commun pour un bien commun, une preuve immédiate soit donnée qu'hommes et femmes peuvent vivre dans l'aisance, le bonheur et l'intelligence, et dans un ordre inconnu à une société dans laquelle nul ne peut être sûr de ne pas mourir de faim le lendemain, lui et ses enfants.

A cette fin, une société de travailleurs est fondée, et les bases d'une société coopérative étant agréées, ainsi que les articles des statuts, les signataires ont le désir et la volonté d'émigrer vers un autre pays, où ils consacreront à l'entreprise leurs biens et leurs meilleurs efforts.

La direction de l'entreprise était déférée par le suffrage universel de tous les membres adultes de la société. Les différends qui pouvaient s'élever étaient tranchés par un arbitre choisi par les parties.

Le gouvernement du Paraguay offrit un champ d'expérience de cent lieues carrées, qui devait être abandonné aux associés en toute propriété, si, dans l'intervalle de six années, ils avaient réussi à y attirer 1200 familles formant un ensemble de 4 à 6000 âmes.

Les adhérents se présentèrent en foule, on réunit 30.000 livres sterling, par souscription personnelle de 60 livres. Au mois de septembre 1893, les membres de la « Nouvelle-Australie » prenaient possession de leur domaine.

Ils éprouvèrent bien vite de cruelles déceptions. On avait ébloui leur imagination en exaltant les immenses richesses du pays; ils s'aperçurent qu'elles ne poussaient pas toutes seules bien que le sol y fût très fertile, et le découragement survint. En revanche, à chaque pas éclatait l'incapacité de leurs administrateurs qui appliquèrent la meilleure part de leurs efforts à violer les statuts et s'investirent des pouvoirs les plus élevés. Le pacte de fondation proclamait le droit pour chacun de vivre sur les biens de la communauté, ils s'empressèrent d'expulser, sans indemnité et sans vote préalable, les ivrognes et les inutiles. Puis ils s'entourèrent d'une forte police.

L'exaspération des colons provoqua une scission dans la communauté. Tandis que quelques-uns continuaient à plier sous l'autorité tyrannique du directeur de qui dépendait leur existence, d'autres préférèrent malgré tout s'y soustraire, et quittèrent la colonie. Sans ressources, au nombre de quatre-vingt-cinq, ils allaient se réembarquer pour l'Australie, lorsque le gouvernement du Paraguay leur octroya une nouvelle concession. Ils s'y établirent aussitôt, mais en rejetant bien loin toutes les règles de la communauté primitive, et leur exploitation prospéra.

Pendant ce temps, une seconde scission se produisait dans la colonie mère: le directeur, devant le mécontentement général, se retirait avec quelques-uns de ses amis.

Enfin, au mois de septembre 1894, le reste des associés primitifs venait échouer à Buenos-Ayres et assaillir les maisons de bienfaisance. Un grand nombre sollicitaient des moyens de rapatriement; « tous, écrit l'auteur du rapport anglais, M. Peel, s'en venaient avec de très tristes récits de leur récente expérience » (1).

Le domaine qu'ils avaient abandonné a été repris et jouit actuellement d'une grande prospérité. Mais son exploitation a été confiée à des hommes du métier et d'esprit pratique, et tous les germes communistes en ont été éliminés.

* *

Nous ne prétendons pas que ces tentatives constituent une réfutation expérimentale décisive de la théorie que nous combattons : le collectivisme agraire n'a jamais été réalisé dans toute sa pureté; personne ne peut donc affir-

_____

(1) Rapport publié récemment par le Foreign-Office.

·mer, d'uné manière absolue, qu'il se signalerait dan
la pratique par telle marque particulière. Mais, comme
elles corroborent les prévisions que l'examen de la
théorie collectiviste fait naître dans l'esprit, quant à ses
résultats généraux, il est permis d'en dégager au moins
des présomptions. Il n'était donc pas inutile de les men-
tionner ici. Nous les avons choisies, au milieu des très
rares applications agraires à tendances socialistes, parce
qu'elles se rapprochent le plus du système que nous
étudions; parce qu'ensuite, elles sont de date récente
et qu'elles ont été, la première surtout, accomplies
dans les conditions les plus favorables à leur succès,
selon les collectivistes, c'est-à-dire dans un pays de
civilisation, de développement économique, de machinisme très avancés, où la poussée des masses accélère
l'évolution. Les fondations d'espèce voisine, celle de
Cabet, celle d'Owen, entre autres, produisirent, à des
degrés divers, des résultats identiques: atteinte à la bonne
harmonie et à la liberté, production très affaissée (1).

D'une façon générale, l'association appliquée à la production agricole ne réussit pas. La coopération, réduite
à ses propres forces, échoue, à moins qu'elle ne se transforme. Les organisations socialistes sont encore moins
viables. Comme les coopératives, elles ne peuvent progresser qu'en se transformant de plus en plus dans le sens
individualiste; les anciens éléments sont ainsi éliminés
peu à peu par la force des choses. Résistent-elles violemment à ce mouvement naturel et fécond, veulent-elles
maintenir quand même l'égalité absolue sur les ruines

---

(1) Rappelons l'expérience que tenta le maréchal Bugeaud en Algérie, et
qui finit très mal malgré d'excellentes conditions d'installation. M. Deschanel en fait le récit dans le discours qu'il prononça à la Chambre des
Députés, en réponse à l'interpellation de M. Jaurès sur la crise agricole :
« En 1842, le maréchal Bugeaud, gouverneur général de l'Algérie, créa trois
colonies militaires : l'une, avec des soldats libérés, les deux autres avec des
soldats devant encore trois années de service. Ces colons furent soumis au
travail en commun. Le produit du travail devait former un fonds commun
destiné, au bout de trois ans, à faire les frais du mariage des colons et à
fournir à tous, uniformément, le mobilier de la maison et de l'agriculture.

de l'intérêt personnel, elles végètent quelque temps, puis disparaissent (1).

Le socialisme agraire n'est compatible qu'avec un état de civilisation et un développement économique peu avancés. Les communautés agraires primitives et sous des formes différentes, le mir russe, la dessa javanaise, persistances plus ou moins modifiées de cet état ancien, nous en offrent l'exemple. A mesure que les besoins gagnent en étendue et en complexité, que la technique agricole progresse, que le sentiment de la liberté et de l'indépendance se développe et s'affermit chez les hommes, elles se désagrègent peu à peu. Elles reposaient sur des fondements très solides: les liens du

Chaque colon reçut en outre une terre personnelle et eut la faculté d'y travailler un jour par semaine pour son compte. Au bout d'un an, la communauté était presque ruinée. — Et pourquoi ? leur demanda le Maréchal. — C'est que nous ne travaillons pas, répondirent-ils. — Et pourquoi ne travaillez-vous pas ? — C'est que nous comptons les uns sur les autres; que nous ne voulons pas en faire plus l'un que l'autre, et qu'ainsi nous nous mettons au niveau des paresseux. Croyez-vous, mon Gouverneur, que si nous avions eu chacun notre part de ce blé (il s'agissait de la récolte de blé appartenant à la communauté, que l'on n'avait pas dépiquée et que les orages avaient pourrie), ce blé ne serait pas dépiqué depuis longtemps ? On ne croit pas travailler pour soi, quand on travaille en commun. Ce sera bien pis quand nous serons mariés : ce sera un enfer ! Nous avons plus produit dans le jour où nous pouvions travailler pour nous-mêmes, que dans les cinq jours de la communauté! »

Le fait, vérifié par le Maréchal, était exact. Sur la prière instante des colons, il les désassocia et le fonds commun fut distribué entre les individus. Aussitôt on vit renaître l'émulation, et vers la fin de 1815, les trois villages étaient les plus prospères du Sahel. Seulement il y avait de grandes inégalités. Certains colons avaient pour 5 ou 6,000 francs de bestiaux; les autres n'avaient même pas conservé ce qui leur était échu en partage et n'avaient pas assez de récoltes pour vivre. » *(J. O., Déb. p., Ch. des Dép., 1897, p. 1911, col. 3).*

(1) Il existe pourtant un élément qui permet à ces organisations quasi-socialistes, sinon de progresser, au moins de vivre et de se maintenir: c'est la religion. Toutes celles qui, à une époque plus ou moins éloignée, ont remporté quelques succès, les doivent aux sentiments religieux qui les animaient, et leur durée aussi bien que l'importance des résultats qu'elles obtinrent, furent en raison directe de la force de ces sentiments. L'idée religieuse seule, en effet, est capable d'entraver les manifestations des tendances, des méthodes particulières, des tempéraments divers, et empêche ainsi la formation des éléments séparatistes; elle agit à la façon d'un lien des volontés, d'un principe qui les fait concourir au même but. Elle seule provoque un développement exceptionnel des sentiments altruistes et fait germer chez les hommes de rares vertus : la subordination, le dévouement, l'abnégation. Elle rend possible l'harmonie sociale. Et puis elle impose à l'homme

sang, les affections de famille, de longues traditions.
Elles se sont écroulées cependant, minées sourdement
par ce sentiment d'individualisme qui marche de pair
avec la propriété privée, en dehors duquel les sociétés
humaines ne peuvent que rester stationnaires, à suppo=
ser qu'elles ne reculent pas, et qui est le pivot du progrès.

Si vraiment l'évolution doit conduire la propriété
foncière vers le socialisme agraire, comme on l'affirme,
elle suit une voie inaccoutumée. Elle aurait décrit un
circuit. Elle se serait éloignée du progrès et le monde
se trouverait replacé, sous des formes nouvelles, dans les
conditions sociales et économiques qui furent celles de
son début.

Mais on ne pourrait rendre à l'homme sa nature
primitive, ni faire rebrousser chemin à la civilisation.

une vie simple et réfrène ses besoins. Ainsi les Bénédictins, les Trappistes,
les Cisterciens sont parvenus, en régime communiste, à défricher, à ferti-
liser les terrains les plus arides, et conduisent encore aujourd'hui des exploitations agricoles florissantes. Ainsi, les Jésuites fondèrent au Paraguay, il y
a trois cents ans, une colonie très importante et très prospère que Voltaire
appela « le triomphe de l'humanité. » Les Indiens régénérés y connurent
pendant longtemps la prospérité et le bonheur. La colonie se maintint pendant plus d'un siècle et c'est un ennemi extérieur qui la détruisit. Quel contraste avec la « Nouvelle Australie », sa voisine, qui échoua plus tard si mi-
sérablement ? Les réductions que les Pères Jésuites établirent aux États-Unis,
dans notre siècle, ont aussi remporté de très réels succès.

En dehors du sentiment religieux, certaines causes particulières concou-
rurent d'ailleurs à la réussite de ces fondations. Les hommes primitifs qui
les composaient étaient déjà faits à la vie communiste et n'avaient que des
besoins très restreints. Leur faible étendue facilitait la bonne entente et
simplifiait l'exploitation. Et puis, les plantes à végétation spontanée prédo-
minaient dans ces contrées. Dans la faible mesure où les efforts des associés
étaient nécessaires, des cortèges pieux et des cantiques venaient les surexciter
(Voy. sur ce sujet le savant travail de notre ami Sagot : Le Communisme au
Nouveau-Monde).

D'ailleurs, en fin de compte, ces sociétés n'ont produit que des résultats
assez réduits. Elles n'ont jamais été un instrument de progrès et de civilisation générale. Les Jésuites ont simplement entendu accomplir une mission
religieuse en amenant ces peuplades primitives à une forme d'humanité supérieure. Ils voulaient moins réformer le monde que rendre hommage à la
divinité. Dans la mesure de leurs desseins, ils ont réussi. — Les socialistes
modernes ne possèdent aucun des atouts qu'ils avaient dans les mains et
leurs prétentions ne sont pas ainsi bornées. Ce sont des frères de Cabet et de
Robert Owen, d'esprit seulement plus délié. Or, à côté des réductions florissantes, l'Icarie sombra et la New-Harmony ne donna jamais, en fait de résultats, « qu'un anéantissement graduel de la production et un éloignement
invincible pour le travail. »

On aurait provoqué des bouleversements considérables, fertiles en désastres, sans profit pour personne; au lieu de l'âge d'or, on trouverait la misère, et tout serait à recommencer.

Que cette régression, par impossible, se produise, la société reprendrait vite sa course dans le sens individualiste. Mais cette transformation ne s'accomplirait pas, comme autrefois, suivant une marche lente et progressive; elle se produirait rapidement et violemment si l'on essayait de l'arrêter: la nature expansive et compliquée de l'homme civilisé ferait éclater le moule étroit du collectivisme.

SECTION II

Maintien de la petite propriété.

« Nous ne nous attaquerons qu'à la grande propriété, proclame M. Deville, car le socialisme n'a pas à intervenir là où les travailleurs possèdent encore les moyens de production qu'ils utilisent, c'est-à-dire là où ces moyens n'ont pas encore atteint un degré de développement qui les fasse échapper à l'action directe de leur possesseur et les transforme en capital. Car cette transformation s'opère grâce à de simples changements dans la quantité. Il faut posséder un certain minimum de moyens de production pour avoir la dignité de capitaliste. Là où ce minimum n'est pas atteint, il y a propriété véritablement « individuelle »; l'individu propriétaire a encore sur elle une action personnelle, directe, immédiate. »

« Ainsi, la différence qualitative existant entre la propriété individuelle et la propriété capitaliste, provient d'une différence quantitative. D'une façon générale, là où il y a petite propriété, il y a propriété individuelle; là où il y a grande propriété, il y a propriété capitaliste. »

« Nous sommes donc amenés théoriquement à distinguer entre les gros et les petits propriétaires. L'expropriation des premiers permettra de donner la possession des moyens de travail qu'ils détiennent, à ceux qui les mettent vraiment en valeur. Le respect et la protection accordés aux seconds, qui possèdent ce qu'ils mettent eux-mêmes et directement en valeur, consacrera l'union féconde des deux facteurs de la production : la force de travail et les moyens de travailler. Leur propriété ne subira aucune modification ni nominale, ni réelle » (1).

La généralité des socialistes français a maintenant adopté cette manière de voir. L'État collectiviste respectera la petite propriété foncière cultivée par son détenteur. Bien plus, cette sollicitude ne sera pas purement négative, il ne renonce pas seulement à s'en emparer : il la protégera et la restaurera, en la débarrassant de toutes les charges qui l'écrasent aujourd'hui : « Nous défendrons la petite propriété paysanne qui réalise l'idée socialiste par l'union du capital et du travail » (2). — « La nation dira aux propriétaires cultivateurs : « Gardez votre domaine, il est bien à vous : cultivez-le, améliorez-le; votre propriété est sacrée » (3). En 1897, M. Jaurès, interpellant le Ministre de l'Agriculture sur la crise agricole, s'écriait : « Nous dirons aux petits propriétaires paysans : vous, qui vous servez de la terre comme d'un instrument de travail, gardez-la. Vous êtes libérés de l'impôt, vous êtes libérés de l'hypothèque, vous êtes libérés de l'usure et de la spéculation, vous êtes libérés de la dette». — « Le paysan petit propriétaire n'a pas à s'inquiéter de la confiscation de la grande propriété, écrivait-il en 1893; elle sera faite à son profit pour arrondir son champ » (4). Ailleurs : « La propriété paysanne, la propriété du paysan qui possède la terre

(1) J. O., Déb. parl., Ch. des Dép., 1897, p. 2321.
(2) Jaurès (La Dépêche, 11 décembre 1893).
(3) Jaurès (La Dépêche, 23 nov. 1893).
(4) Jaurès (La Dépêche, 23 nov. 1893).

qu'il travaille avec les siens, non seulement sera maintenue dans l'ordre collectiviste tant que le paysan y croira trouver son intérêt, mais encore elle y sera protégée contre les empiètements du capital usuraire : c'est nous qui nettoierons de l'ivraie de la dette et de l'hypothèque le sillon creusé par le paysan » (1).

Partout les socialistes affirment que les paysans ne sauraient s'effrayer du collectivisme, et que c'est en vain qu'on essayera de les exciter contre eux : car c'est le divorce de la propriété et du travail qu'ils combattent et non l'union de ces deux éléments de la production, qui permet aux travailleurs de recueillir le produit intégral de leur travail. Les paysans ont tout à gagner à l'appropriation sociale des moyens de production capitalistes, bien loin que celle-ci doive jamais les atteindre.

C'est la doctrine officielle du parti ouvrier français : « Le petit champ est l'outil du paysan, comme la varlope est celui du menuisier et le bistouri celui du chirurgien. » Le paysan, le menuisier et le chirurgien, n'exploitant personne avec leur instrument de travail, n'ont donc pas à redouter de le voir enlever par une révolution socialiste, dont la mission est d'exproprier les expropriateurs qui ont pris la terre aux laboureurs et la machine aux ouvriers et qui ne s'en servent que pour exploiter les producteurs. Le parti socialiste, maître du pouvoir, loin de vouloir déranger le paysan propriétaire dans la tranquille possession du lambeau de terre qu'il féconde de ses sueurs, supprimera les impôts qui pèsent sur lui, le débarrassera des usuriers qui le dévorent, en abolissant les dettes chirographaires et hypothécaires, et l'aidera dans son exploitation en lui fournissant du crédit, des machines, des engrais, des semences, des bestiaux à engraisser, etc., en lui permettant d'acquitter sa dette en nature » (2). — « La terre, pour le paysan qui

(1) *Revue Socialiste*, 1895, tome I, p. 258.
(2) Rapport présenté au Congrès de Nantes (1894), par le citoyen Lafargue, au nom du Conseil national du Parti Ouvrier français.

la cultive, est ce qu'est l'outil pour l'ouvrier, écrit
M. Guesde (1). Il_faut consolider la petite propriété
paysanne et non pas seulement d'une façon transitoire.
Le petit champ ne sera pas exproprié. Mais le gouvernement révolutionnaire le débarrassera des usuriers,
des marchands qui le dépouillent et l'aidera dans ses
travaux si pénibles et si peu rémunérateurs, jusqu'à ce
qu'il parvienne à se convaincre, par l'exemple, de la
supériorité de la production collective sur la propriété
individuelle ».

§ 1. — LA DÉTERMINATION DE LA « PETITE PROPRIÉTÉ »
RENCONTRE DE GRANDES DIFFICULTÉS. — ATTEINTES
PORTÉES A LA JUSTICE ET A L'INTÉRÊT GÉNÉRAL.

Cette théorie semble assez claire. Elle ne l'est cependant qu'en apparence. La petite propriété, la « propriété
individuelle », cultivée par son détenteur, sera respectée, dit-on, car elle constitue son instrument de travail.
Mais les collectivistes ont-ils tous une conception très
précise de cette petite propriété et la conçoivent-ils tous
de la même façon ? La question n'est pas oiseuse, car la
condition d'un grand nombre d'individus dépend de
l'idée particulière et plus ou moins étroite qu'ils s'en
feront.

Or, la plupart ne fournissent pas sur ce point des renseignements très nets ni très concordants, et cela vient
sans doute de ce que la notion très flottante de petite
propriété comme celle d'instrument de travail est assez
difficile à fixer, qu'il n'est pas aisé d'en dégager un élément caractéristique, de détermination simple, et qu'elle
comporte une part de relativité rendant possibles des
appréciations très différentes.

Si ces difficultés particulières paraissent de nature à
gêner singulièrement l'application de leur système, les

(1) *La Petite République* (1894).

collectivistes n'en sont pas moins obligés d'adopter un moyen de distinguer entre les deux catégories de propriété. Sur quel critérium arrêtent-ils leur choix ?

Certains se bornent à des déclarations vraiment un peu vagues : « C'est à la propriété oisive, c'est à la propriété capitaliste, qui vit et se développe sur la petite, que nous en voulons seulement ». Ils risqueraient de trouver dans cette indication un secours insuffisant, s'ils étaient obligés d'assurer la mise en pratique de leur théorie. Car ce n'est sans doute pas à des professeurs de philosophie que sera confié le soin de faire la démarcation, mais à de simples agents pratiques. Il est donc nécessaire d'adopter un signe accessible à tous.

Aussi la majorité des socialistes se rallient-ils à la résolution suivante : ne seront respectés que ceux qui cultivent leurs terres eux-mêmes ou avec l'aide exclusive des membres de leur famille. Tout propriétaire-cultivateur qui emploiera des salariés sera socialisé.

Ce critérium est net. Mais est-il rationnel ?

Nous ne le croyons pas ; et de grandes injustices en résulteront à côté de conséquences très fâcheuses pour l'intérêt général.

Voici deux hommes possédant chacun un bien de même importance et de fertilité égale ; le premier, jeune et vigoureux, peut facilement cultiver le sien avec ses seules forces ; l'autre, faible ou âgé, est contraint d'appeler à son aide : celui-là sera maintenu et protégé, celui-ci dépossédé.

L'une des terres est d'une exploitation facile, ou bien sa disposition, les ressources de son propriétaire, permettent l'emploi de chevaux, de machines perfectionnées ; à l'autre, ces moyens d'action ne peuvent être appliqués, soit en raison de sa situation, soit à cause de la pauvreté de son détenteur ; ou bien sa nature particulière y rend le travail très pénible et nécessite un nombre de bras anormal : elle sera seule expropriée.

Est-ce donc que son propriétaire est un capitaliste et

que l'autre ne l'est pas? Est-ce en tout cas une mesure équitable?

Il est vrai que cet autre, entouré de la faveur collectiviste, aurait tort de juger sa situation très stable. Tout va changer, en effet, si la maladie, si quelque infirmité survient. Certes, il peut heureusement y échapper; mais arrive la vieillesse inévitable, que l'inclémence du temps l'oblige à conduire ses travaux plus vite que de coutume ou lui empêche d'utiliser ses machines, que la moisson ou la vendange soit particulièrement abondante, qu'il se produise, en un mot, un des innombrables évènements qui peuvent nécessiter pour cet homme se suffisant ordinairement à lui-même, l'emploi plus ou moins prolongé de salariés, aussitôt le voilà devenu capitaliste, sa propriété est déclarée mûre pour l'appropriation sociale.

Il faut reconnaître qu'il y aura là une prime singulièrement alléchante aux familles nombreuses et, à une époque où il paraît si difficile de trouver à la repopulation des stimulants efficaces, cela doit constituer pour ce système une recommandation très précieuse. Comment, en effet, s'opposer à ce que ces familles continuent, comme en régime capitaliste, l'exploitation de leurs domaines peut-être considérables? Elles n'emploieront pas d'ouvriers, l'État collectiviste devra, par conséquent, leur appliquer son entière sollicitude et toute sa protection. Croit-on, cependant, que le père, cultivant cent ou deux cents hectares de terres avec sa douzaine d'enfants, sera dans l'impossibilité « d'atteindre un but autre que l'entretien plus ou moins convenable de sa famille et non une accumulation de capitaux? (1) » Consommera-t-il tous ses produits sans en distraire pour le marché, sera-t-il moins capitaliste que le vieillard dont on a pris le petit champ? Et ces grandes propriétés restées autonomes en régime collectiviste, seront peut-

(1) *J. O.*, Déb. parl., Ch. des Dép., 1897, p. 2323, col. 1.

10

être très nombreuses. Les grands propriétaires n'auront-
ils pas, en effet, un intérêt puissant, quelques jours avant
la Révolution, à grouper autour d'eux leurs enfants
aujourd'hui dispersés, pour les substituer à leurs
ouvriers ?

Sans compter que l'imprécision du terme « famille »
pourrait, à la rigueur, permettre d'utiliser les cousins et
parents éloignés, à la condition, d'ailleurs facile, qu'ils
n'aient pas l'apparence de salariés. Mais ainsi, la plus
grande partie du territoire échapperait à l'appropriation
sociale.

Une organisation qui rendrait possibles ces anomalies,
qui obligerait l'État socialiste à protéger ces grandes
propriétés, sources actuelles de tous les maux, et produirait les flagrantes injustices que nous avons signalées,
ne nous semble pas digne des éloges qu'on lui décerne.

On pourrait objecter, il est vrai, que ces individus,
spoliés injustement en apparence, seraient en réalité
très favorisés, puisqu'on les appellerait, bien que malgré
eux, à jouir des bienfaits de la société collectiviste.

Malheureusement, ce système ne contient pas que ces
défauts particuliers; il apparaît encore comme devant
être funeste à l'intérêt général. Nous avons vu déjà à
quel régime instable seraient soumis les petits domaines
non socialisés. En outre, ces grands propriétaires, soit
qu'ils dirigent déjà leur exploitation agricole, soit que,
après avoir congédié tous ceux qui cultivent pour eux, ils
prennent brusquement en mains cette direction à la
veille du décret de nationalisation, pourraient, à la
rigueur, se passer des services d'une famille nombreuse.
Qui les empêcherait, en effet, de laisser en friches la
plus grande partie de leurs terres et de n'en exploiter
qu'un coin restreint, probablement d'ailleurs assez mal
en raison de leur manque d'aptitude pour ce genre de
travail ? Mais, de la sorte, la production générale se trouverait singulièrement réduite. Quels remèdes apporter à
cet état de choses, à moins de compléter la théorie en

obligeant les propriétaires qui voudraient rester autonomes, non seulement à se priver de main-d'œuvre salariée, mais encore à exploiter l'intégralité de leur domaine
et d'une façon satisfaisante?

Bien entendu, les produits d'utilité souvent très
grande, mais exigeant beaucoup de main-d'œuvre seront
abandonnés; le sol ne sera pas amélioré et la science
agronomique pourra faire de merveilleux progrès, permettra d'obtenir des rendements considérables avec un
peu plus de travail, d'utiliser des terrains jusqu'alors
improductifs, la nation n'en retirera pas ici le moindre
profit.

L'emploi de salariés, ce critérium qui semblait devoir
tout arranger, aurait donc des conséquences funestes et
mettrait les collectivistes dans un grand embarras.

Ce n'est pas M. Gabriel Deville, en tous cas, qui les en
ferait sortir. Voici, en effet, la très étrange solution qu'il
propose dans son discours à la séance de la Chambre
des députés du 6 novembre 1897. Après avoir exposé que,
seul, serait exproprié le propriétaire capitaliste, c'est-à-
dire celui qui détient un certain minimum de moyens de
production, il s'exprime ainsi : « Ce minimum indispensable pour qu'il y ait capital et propriété capitaliste,
varie suivant les industries.,... Là, où ce minimum n'est
pas atteint, il n'y a pas capital, *et même là où il y a possession suffisante pour occuper des salariés*, mais insuffisante pour dispenser le possesseur de mettre lui-même
la main à l'œuvre, nous *n'avons pas affaire à un véritable
capitaliste*... Les petits propriétaires (qui échapperont à
la dépossession) sont détenteurs d'une propriété réellement individuelle, *ou d'une propriété qui, si elle n'est plus
absolument individuelle, si elle a échappé par certains côtés
à l'action stricte de la famille*, comporte toujours cette
action effective et immédiate et n'est pas encore une propriété véritablement capitaliste: le seul but qu'il lui soit
possible d'atteindre est l'entretien plus ou moins convenable de la famille, et non une accumulation de capi-

taux (1) ».— Plus loin, il ajoute : « Nous traçons une ligne
de démarcation entre la propriété capitaliste et la propriété réellement individuelle... D'un côté, les moyens de
production possédés par les uns et mis en valeur par les
autres. De l'autre côté, les moyens de production dont
l'usage direct *avec ou sans collaboration de salariés*, appartient encore à leur propriétaire (2) ».

Ces déclarations inattendues constituent, au point de
vue collectiviste, la plus flagrante hérésie qu'on puisse
imaginer. Elles sont d'autant plus graves qu'elles éma-
nent d'un homme de marque, d'un des doctrinaires les
plus écoutés du parti, et l'on ne s'explique pas que les
socialistes de la Chambre les aient laissé formuler sans
d'énergiques protestations. Le but essentiel du parti
socialiste est la suppression intégrale du salariat, cette
exploitation de l'homme par l'homme ; il n'a de raison
d'être et de se développer que dans l'espoir d'atteindre
ce but ; M. Deville lui-même affirme d'autre part que le
propriétaire devient capitaliste du jour où il emploie des
ouvriers et prétend ainsi légitimer son expropriation :
voici maintenant qu'il assure de ses bons soins des gens
qui exploitent le travail d'autrui ! On se refuserait à le
croire, s'il n'avait eu le souci de donner à sa pensée une
netteté particulière (3).

L'idée de la mise en pratique de cette théorie spéciale,
rend aussi perplexe que son exposé. Que peut bien être
ce minimum de moyens de production indispensable
pour qu'il y ait propriété capitaliste ? Comment sera-t-il
déterminé ? Quels éléments vont lui servir de base ? Il
est à craindre que les fonctionnaires départiteurs ne
sachent pas très exactement faire la distinction subtile.

(1) *J. O.*, Déb, parl., Ch. des Dép., 1897, p. 2322, col. 3, — 2323, col. 1.
(2) *J. O.*, Déb., parl., Chambre des Députés, 1897, p. 2326, col. 1.
(3) Engels, entre beaucoup d'autres, s'élève avec force contre cette manière de voir. Selon lui, s'il est simplement bête de promettre aux petits
paysans qu'ils seront maintenus en tant que petits paysans, c'est presque de
la « trahison » de faire la même promesse à ceux qui emploient des salariés
(Die neue Zeit, 1894, n° 10).

A quel moment, les propriétés seront considérées comme n'étant plus absolument « individuelles »? Où fera-t-on la coupure? Ce propriétaire doit travailler de ses mains, mais est-ce là une limite précise? Fixera-t-on le point où le propriétaire travaille assez pour être catalogué propriétaire travailleur, donc légitime? Ne pourra-t-il d'ailleurs faire seulement semblant de travailler? Faudra-t-il passer la revue des mains, examiner si elles sont calleuses et jusqu'à quel point elles le sont? Les propriétaires pourront-ils disposer d'un nombre d'ouvriers déterminé, au delà duquel ce serait l'expropriation? Trouvera-t-on une indication suffisante dans l'étendue? Une superficie maxima sera-t-elle fixée, passé laquelle le domaine deviendra capitaliste? Il est probable que non, bien que dans un congrès on ait parlé de 6 hectares, car, en raison des valeurs extrêmement variables des diverses terres, ce serait le règne de l'iniquité suprême?

Adoptera-t-on la valeur? Mais alors quel sera le chiffre? Celui de 6.000 francs de revenu cadastral a été mis en avant dans un congrès français. M. H. Brissac propose 20.000 francs (1). Sera-t-il tenu compte du matériel d'exploitation? Sans insister sur ce qu'il y a de particulièrement choquant à faire de cet élément la base vraiment trop peu scientifique d'une opération aussi grave, à couvrir de la protection nationale les propriétés d'une valeur de 100 francs par exemple, à confisquer comme illégitimes celles de 101 francs, par qui et comment ce chiffre fatal sera-t-il déterminé? On devra forcément donner aux fonctionnaires qui en seront chargés un large pouvoir d'appréciation. N'est-il pas à craindre que certaines de leurs décisions soient empreintes d'arbitraire et d'injustice?

Aussi bien la valeur d'une terre est essentiellement changeante; de sorte qu'on sera conduit à faire des révi-

(1) *La Société collectiviste*, p. 67 (préface de M. Jaurès).

sions continuelles du contingent des propriétés restées
autonomes, pour embrigader toutes celles qui vien-
draient à dépasser la limite. Cela ne constituera pas un
très vif stimulant pour le travail de leurs détenteurs,
pas plus qu'un encouragement très précieux pour la
science agronomique. Je possède une certaine étendue
de terres incultes : l'administration collectiviste m'entoure de ses égards et de sa protection. Mais un jour,
grâce au progrès de la technique agricole, ou bien après
de longs efforts, je réussis à faire sur elles de bonnes
récoltes. Malheureusement, j'ai commis la maladresse
de ne pas m'arrêter à temps et de donner à mon bien une
valeur qui excède légèrement la valeur d'appropriation
sociale. Je suis exproprié. — Le phylloxéra a détruit ma
vigne. Je me suis mis courageusement à l'œuvre. Des
sacrifices considérables, mon travail opiniâtre, sont
parvenus à la reconstituer, à la faire plus riche qu'elle
n'a jamais été : c'est le juste prix de mon labeur dont
la nation, qui le récompensait volontiers autrefois, recueille aussi le profit. Mais la vigilance du fonctionnaire
spécial de ma région, ou les gens obligeants qui m'entourent, me signalent au comité régional ou central : on
juge que j'ai dépassé la mesure et je suis dépossédé. Mon
indolent voisin, dont la vigne n'a pas été épargnée, est
resté dans l'inaction. Son bien est très endommagé, mais
il n'a dépensé ni sa peine ni son argent, et il garde sa
vigne. C'est une prime à la paresse.

En face des sergents recruteurs de la propriété sociale
chargés de guetter la naissance de la propriété capitaliste au sein de la propriété laborieuse, à l'affût des
fluctuations de la valeur de son champ, le pauvre paysan
sera torturé par l'angoisse de lui voir acquérir une plus-
value pouvant le rendre coupable de capitalisme, et son
intérêt bien entendu lui conseillera de s'abstenir complètement d'améliorations, de s'opposer même à celles
qui pourraient advenir naturellement.

Et comme ces petites propriétés qu'on devra quand

même respecter, tiendront, en toute hypothèse, une place considérable, reste à savoir si ce sera le moyen de développer la production nationale et si le pays y trouvera son compte. C'est peu vraisemblable.

Ainsi, quel que soit le mode proposé, ce partage des propriétaires porterait, dans la pratique, une grave atteinte à la justice et à l'intérêt général.

La ligne de démarcation rationnelle et précise, entre les producteurs agricoles dignes de l'expropriation et les autres, n'a pu être déterminée. C'est que les classes agraires sont extrêmement flottantes; tel individu est à la fois dans l'une et dans l'autre, ou tantôt dans l'une et tantôt dans l'autre. Elles rentrent les unes dans les autres. Depuis celle des journaliers, jusqu'à celle des grands propriétaires, on rencontre tant de nuances diverses et insaisissables, que toute tentative de séparation est presque impraticable.

De limite vraie, il n'y en a qu'une : elle se place entre ceux qui possèdent un rien et ceux qui ne possèdent rien.

§ 2. — LE RÉGIME COLLECTIVISTE SERAIT INCAPABLE DE RESPECTER LE DROIT DU PETIT PROPRIÉTAIRE.

Mais supposons ces difficultés résolues et voyons dans quelles conditions, avec quelles garanties, subsistera la propriété individuelle, quelle sera la situation du petit paysan autonome.

Il est certain, d'abord, que la nature de son droit subit une transformation. La société a repris la propriété de tout le sol national, des petits comme des grands domaines. Seulement, comme l'exploitation du petit propriétaire ne heurte pas, selon elle, les principes collectivistes, celui-ci continue à jouir de sa terre. Mais c'est en vertu d'une concession gracieuse de l'autorité : « la nation seule est propriétaire, » écrit M. Jaurès (1). Son

(1) *La Dépêche* (28 septembre 1893).

droit qui était souverain, perpétuel, absolu, devient pré-
caire et subordonné au droit éminent de l'État (1).
Quelque confiance qu'il puisse avoir dans cette autorité
aux caprices de laquelle il est désormais soumis, sa nouvelle situation ne lui apparaîtra-t-elle pas comme une
déchéance?

Nous croyons très volontiers à la sincérité des promesses qui lui sont faites et nous sommes persuadés que
les socialistes, une fois au pouvoir, s'efforceraient de lui
permettre, aussi complet que possible, l'exercice de son
droit sauvegardé. Par malheur, celui-ci rencontrerait
encore nécessairement et très vite de multiples barrières.

D'abord, il est hors de doute que le petit propriétaire
n'aura pas le droit d'affermer son bien, car il perdrait
ainsi la qualité de non-capitaliste et, par là, toute espèce
de titre à la générosité de l'État.

Pourra-t-il le laisser par héritage à sa femme, à ses
enfants? Un grand nombre de socialistes ne se prononcent pas nettement sur ce point ou même ne se prononcent pas du tout. La question leur semble-t-elle
négligeable, en ce sens que la femme ou les enfants
peut-être en bas âge, seraient souvent incapables d'exploiter eux-mêmes, et qu'ainsi, l'héritage perdrait beaucoup de son intérêt, puisqu'ils devraient recourir à l'aide
salariée, se condamnant par là à l'expropriation. Ou
bien pensent-ils comme nous que la transmission de ces
biens par succession sera logiquement impossible, car
elle porterait atteinte aux principes élémentaires de la
doctrine? On ne peut admettre, en régime collectiviste,
que des individus, restés peut-être toujours oisifs, puis-
sent jouir, du jour au lendemain, d'une terre quelconque et vivre ainsi de revenus sans travail. Aussi
bien, selon Scheffle (2), l'héritage ne peut porter que

(1) Remarquons, en passant, que sous un certain aspect, le socialisme
agraire eût été beaucoup mieux à sa place sous l'ancien régime, où tout le
territoire était considéré comme la propriété, l'apanage du souverain.
(2) *La Quintessence du Socialisme.*

sur des objets de consommation, — « La collectivité est
l'héritière universelle, écrit M. Renard, ce qui est juste,
non seulement parce que la propriété a pour fondement
le travail, mais parce que, ainsi, l'individu paiera à la
société les innombrables services qu'il aura reçus
d'elle » (1). Il ajoute que la société ne peut souffrir une
combinaison qui dispenserait l'héritier de travailler et
lui permettrait de vivre du travail d'autrui. Ainsi, les
petites propriétés devront faire retour à la masse au
décès de leurs titulaires. Ainsi, la concession, en apparence très importante, dont bénéficiait le paysan, subit
une singulière réduction; celui-ci y trouvera un motif
puissant, non seulement pour s'abstenir d'améliorer sa
terre, mais encore pour s'efforcer de la ruiner, en tirant
d'elle tout ce qu'il pourra. Il est vrai qu'il ne manquera
pas d'autres bonnes raisons d'agir ainsi.

Lui permettra-t-on au moins de vendre son champ ?
Il semble qu'il n'y ait pas de motif décisif pour l'en
empêcher, car la minime importance des transactions
pouvant en résulter, ne favoriserait vraiment pas la
spéculation. Et cependant, ce droit lui serait aussi sans
doute enlevé : « La solution de cette question, dit
M. Deville, dépendra de la volonté du pays ; mais si
vous voulez mon opinion personnelle, je répondrai qu'il
n'aura pas le droit de vendre..... parce qu'il n'y aura
pas possibilité de vente, parce qu'il n'y aura pas lieu à
vente » (2). Quelle est la véritable pensée de M. Deville ?
Veut-il dire que le paysan ne trouvera jamais un ache-
teur assez naïf pour payer au prix de la propriété ce qui
ne serait plus, en réalité, qu'un simple usufruit, alors
surtout qu'il lui suffirait de s'adresser à l'État pour
obtenir gratuitement la jouissance d'une terre, et
qu'ainsi, les contrats de vente finiraient faute de con-
tractants? Mais pourquoi, dans ces conditions, ne pas
au moins donner une platonique satisfaction au paysan

(1) *Le Régime Socialiste.*
(2) *J. O.*, Déb. parl., Ch. des Députés, 1897, p. 2122, col. 3.

en lui abandonnant ce droit, puisque, en effet, il serait incapable d'en user?

La prohibition d'aliéner entraîne celle d'hypothéquer. En serait-il autrement ici, que la défense d'acquérir individuellement des capitaux, enlèverait toute utilité à la saisie et conduirait ainsi au même résultat. D'ailleurs, le petit propriétaire ne pourra plus sans doute emprunter, même aux producteurs restés indépendants comme lui. Mais alors, comment s'y prendra-t-il, non pour améliorer son champ, car il n'y songera pas, mais simplement pour vivre, lorsque surviendront les mauvaises années?

Il n'aura pas même la faculté de donner sa terre, car cette donation, comme l'héritage, heurterait les principes sociaux essentiels, les dons consistant en moyens de consommation ou en bons de travail, étant seuls possibles.

Cet homme a la chance de demeurer dans une sorte de prolongement du régime qui l'a vu naître; mais il lui est interdit de participer aux avantages de celui-ci et il n'échappe pas aux gênes de la société collectiviste. On lui réserve une situation privilégiée; seulement, il ne peut ni louer, ni vendre son bien, ni le transmettre par héritage, ni même le donner! Les socialistes déclarent que le travailleur de la terre apparaît aujourd'hui comme un serf enchaîné à la glèbe : où en trouver l'image plus fidèle? Son droit de propriété est dépouillé de tous ses attributs essentiels. Il conserve, il est vrai, le jus abutendi, qu'il exercera dans son intérêt même; il lui sera possible d'épuiser son champ, de le laisser en friches. Cette compensation est insuffisante cependant pour permettre de dire qu'il conserve autre chose qu'une ombre de propriété.

§ 3. — LE RÉGIME COLLECTIVISTE PORTERAIT ATTEINTE A
LA LIBERTÉ DE JOUISSANCE ET A LA LIBERTÉ D'EXPLOI-
TATION DU PRODUCTEUR AUTONOME.

Le petit propriétaire n'a plus qu'un droit mutilé, et,
dans cet état, sa jouissance subit encore de très graves
atteintes.

Que fera-t-il, en effet, des produits qu'il ne consom-
mera pas? Car on ne peut l'obliger à les consommer
tous, sous prétexte que cela se passe généralement ainsi
dans les petites exploitations. En réalité, il arrivera souvent que, les prélèvements nécessaires à ses besoins une
fois opérés, il lui restera un certain excédent de denrées,
valeurs d'échange à la disposition du marché. Et cet
excédent sera souvent très important, puisque l'imprécision du système collectiviste rendra sans doute possible l'existence d'assez grandes propriétés autonomes. En
tout cas, il sera difficile de lui faire un grief capitaliste
de cet état de choses, et puisque la société lui permet de
récolter ses produits, elle ne doit pas l'empêcher d'en
tirér parti.

Il ne saurait, bien entendu, les vendre à prix d'argent,
la monnaie étant supprimée. Mais, ce qui est autrement
grave, il ne pourra pas non plus les vendre sur le marché général pour un prix en bons de travail, variable
suivant la loi de l'offre et de la demande : cette loi a été
abrogée; il n'y a plus de marché libre au sein de la
société nouvelle.

Profitera-t-il de sa situation spéciale hors de l'économie collectiviste, qui doit lui conférer, à ce point de vue,
une certaine liberté d'action dans ses relations avec les
pays voisins comme dans le cercle des petits propriétaires? Exportera-t-il ses denrées à l'étranger? Mais une
opération de ce genre, portant nécessairement sur de
petites quantités, le constituerait en perte dans la plu-

part des cas, si l'on songe surtout aux difficultés de toute nature, sinon aux impossibilités qu'il rencontrerait, en particulier dans les moyens de transport socialisés.

D'ailleurs, il serait payé en monnaie d'or ou d'argent, sans aucune valeur même relative dans notre pays, et qu'il ne pourrait employer qu'à l'achat de produits étrangers, inutiles peut-être pour lui, en tout cas, dont il s'approvisionnerait dans de bien meilleures conditions sur place.

Essayera-t-il d'offrir son blé aux cultivateurs restés indépendants ? Mais ils ne pourront offrir un débouché appréciable, car la plupart d'entre eux produiront au-delà de leurs besoins. Il ne doit pas plus espérer se faire une clientèle parmi les petits artisans; car ceux-ci n'utilisant que le pain ou la farine, n'ont que faire du blé. Et comme le caractère nettement capitaliste que revêt l'industrie du meunier assurera à celui-ci les bienfaits de la socialisation, le paysan ne pourra traiter librement avec lui; son blé perdra son autonomie, pour ainsi parler, en arrivant au moulin, s'il peut toutefois y arriver.

D'ailleurs, en admettant que ces débouchés ne soient pas naturellement fermés aux marchandises du cultivateur indépendant, et qu'il puisse même trouver, à l'intérieur de la société collectiviste, des gens disposés à les lui échanger contre une certaine quantité de bons de travail, l'État devrait s'opposer à ces transactions : d'abord on risquerait de faire renaître ainsi le commerce privé et la spéculation; et puis, si les producteurs autonomes offraient leurs denrées à un prix très modéré, dans l'hypothèse fort vraisemblable où ils exploiteraient à meilleur compte que leurs concitoyens socialisés, ce serait tolérer une concurrence redoutable pour les produits d'État qui s'entasseraient dans les magasins publics sans trouver preneurs.

Le paysan n'aura qu'un moyen d'éviter que son blé ne se pourrisse dans son grenier, ce sera de l'offrir à l'administration collectiviste. « Il est parfaitement vrai, nous le reconnaissons, dit M. Jaurès, que la propriété paysanne serait obligée de se transformer dans l'ordre socialiste, car c'est la communauté nationale qui achètera ses produits; par conséquent, la petite propriété paysanne ne sera pas dans le même rapport avec le marché qu'elle est à l'heure actuelle (1) ».

Admettons donc que l'État consentira à lui acheter ses produits. Mais, bien entendu, selon les principes fondamentaux d'équité qui règlent tous ses achats, il n'entendra les payer qu'au prix fixe, déterminé par leur coût en travail de productivité moyenne; et pour établir ce prix social, il lui faudra s'assurer de la richesse comparative des différentes terres, et se livrer ainsi sur les propriétés paysannes, à la même expérimentation que nous lui avons vu faire sur son propre domaine, si délicate et si complexe, féconde en fraudes, féconde en injustices plus ici peut-être que partout ailleurs. Ainsi le riche pâturage dont il a payé le prix élevé, le champ qu'il a fertilisé à force de travail et d'engrais coûteux ne rapportera pas plus au producteur autonome que la terre ruinée ou naturellement stérile de son voisin, ou bien que la concession gratuite du travailleur socialisé. Singulier encouragement ! Singulier profit !

Au surplus, si l'État consent en principe à le débarrasser de ses produits, il ne le fera certainement que s'il en a besoin; jamais il ne voudra se résigner à lui faire une gracieuseté au prix de l'intérêt général, en accumulant dans les entrepôts publics où elles se détérioreraient, des marchandises dont il aurait déjà un superflu. Or, il n'éprouvera ce besoin, que si la quantité des denrées administrativement produites, fruits de l'exploitation collective, à l'achat desquelles il devra bien donner la préférence, est insuffisante pour satisfaire à la demande des consommateurs. Le voilà donc amené par

(1) J. O., déb. parl., Ch. des Députés, 1897, p. 1805, col. 1.

la force des choses et dans l'intérêt même des propriétaires individuels, à englober les terres indépendantes dans cette réglementation autoritaire de la production exactement établie suivant les besoins, qui est une de ses fonctions essentielles et lui fait concevoir les plus grandes espérances. Il ne faut pas, en effet, que ce cultivateur puisse produire sans autre direction que son bon plaisir, risquant ainsi de fausser les savants calculs des statisticiens officiels de la production ; et si ces calculs font apparaître la nécessité de semer du blé ou des betteraves, on ne peut admettre qu'il veuille élever du bétail ou récolter du vin. Non seulement il devra se livrer à la culture du blé, si on le juge utile, mais encore il n'en pourra produire que la quantité fixée, sans quoi l'administration refusera de le lui acheter. Et si la fertilité naturelle de son champ lui donne facilement un rendement de vingt hectolitres, sous peine de voir pourrir son grain il devra faire en sorte de le restreindre à dix hectolitres, si ce chiffre lui a été assigné.

L'État se réservera bien aussi le droit d'indiquer, au besoin d'imposer, les méthodes de culture et les perfectionnements agricoles qu'il jugera convenables. Si leur conformité avec l'intérêt général ne parvenait pas à séduire ses petits fournisseurs autonomes, il convaincrait aussitôt ceux-ci de leur efficacité en déclarant qu'eux seuls sont susceptibles de donner certaines qualités aux produits, sans lesquelles on ne pourrait forcer l'entrée des magasins nationaux.

Le petit propriétaire n'est plus maître de son exploitation.

Et ce citoyen privilégié va rencontrer bien d'autres embarras. Que fera-t-il, par exemple, lorsqu'il perdra ses chevaux, quand ses machines seront usées, quand, en un mot, il lui faudra renouveler son matériel agricole ? Car si, par une fiction singulière, les collectivistes n'aperçoivent dans cet outillage aucun signe du capital lorsqu'il fonctionne sur le petit domaine agricole,

partout ailleurs ils en reconnaissent la marque. Or,
toute transaction portant sur des capitaux sera prohibée,
et d'ailleurs impossible dans la nouvelle société, car les
comptoirs de vente nationaux ne tiendront pas cette
marchandise. Mais alors comment le petit producteur
pourra-t-il continuer à cultiver?

Peut-être n'en aura-t-il pas un désir immodéré, lorsqu'il envisagera sa situation: il est tombé sous la tutelle
des fonctionnaires directeurs de l'agriculture qui lui
ont ravi sa liberté d'exploitation; nous avons vu que
les éléments essentiels de son droit de propriété lui
avaient été enlevés; si l'on se souvient de la grave
atteinte que l'impossibilité de tirer un profit normal de
toute sa récolte porte à sa jouissance, dans les limites
très étroites où elle se trouve déjà enserrée; on se demande ce qu'en fin de compte il peut vraiment bien
rester à cet homme, soi-disant respecté et protégé? Cependant, M. Deville parlant de lui, s'exprime ainsi :
« Sa propriété lui sera laissée sans la moindre diminution de forme ou de fond (1) ». M. Jaurès, d'autre part,
affirme que le droit de propriété n'aura jamais été plus
complet qu'à ce moment. « Jamais, écrit-il, le sentiment
de la propriété n'aura été aussi universel, aussi vif et
aussi plein chez les hommes (2) ». Ailleurs cependant, il
proclame que la nation, seule propriétaire, concède aux
citoyens la « sous-propriété (3) ». Nous connaissons la
situation des travailleurs socialisés. Quant au proprié-
taire-paysan, débarrassé pourtant de toutes ses charges
présentes, il ne serait même pas un sous-propriétaire. On
lui aura laissé son champ parce qu'il est son instrument
de travail, mais les nécessités du nouveau régime l'empêcheront d'en user; l'organisation collectiviste l'entou-
rera comme d'un cercle de fer qui paralysera son fonctionnement; fatalement, elle finira par se l'annexer.

(1) J. O., déb. parl., Ch. des Dép., 1897, p. 2321, col. 1.
(2) La Dépêche, 1893.
(3) La Dépêche, 28 sept. 1893.

Ainsi, ces paroles prononcées par M. Deville, à la tribune de la Chambre des députés, prennent une signification particulière: « En régime socialiste, ô petits propriétaires, vous garderiez votre petite propriété, si telle était votre volonté; mais si cette propriété ne vous rapportait pas, par suite des progrès techniques opérés dans la production sociale autant que celle-ci rapporterait à d'autres, vous pourriez, à votre gré, changer de mode de production..... Nous attendrons que leur propre volonté, leur seule volonté, déterminée par le spectacle qu'ils auront sous les yeux, les amène à passer du régime de l'appropriation privée des moyens de production au régime de leur appropriation sociale (1) ».

Nous croyons aussi que les petits propriétaires ne retireront pas grand profit de leur propriété et qu'ils demanderont à entrer dans les rangs socialistes ou que la force des choses les y incorporera. Reste à savoir si c'est l'enthousiasmant spectacle de l'exploitation collectiviste qui les fera changer de condition, et si leur vie nouvelle leur assurera tous les avantages escomptés par M. Deville.

Les socialistes, tout en maintenant la petite propriété, affirment que l'évolution économique la voue, sans merci, à la disparition. Les lois économiques, en réalité, ne semblent pas devoir accomplir cette besogne; ce sont eux, malgré leurs intentions, qui s'en chargeront.

§ 4. — SITUATION DES PROPRIÉTAIRES PARCELLAIRES.

A côté des propriétaires fonciers capitalistes et des propriétaires-paysans, il existe une troisième classe de propriétaires, au nombre de 1.200.000 environ, dont la situation n'est pas encore réglée. Ce sont ceux que leur champ ne suffit pas à faire vivre et qui, pour obtenir

(1) J. O., déb. p., Ch. des dép., 1897, p. 2324, col. 1 et 2.

un supplément de ressources, sont obligés de louer leur force de travail, ordinairement aux cultivateurs voisins.

Sans doute, ils garderont leur lopin, mais où trouveront-ils ce salaire indispensable à leur entretien? Ce n'est pas chez les producteurs indépendants. Car, si M. Deville accorde à ceux-ci un certain usage de salariés, il ne partage pas l'opinion socialiste générale, et l'on peut prévoir qu'ils se montreront très circonspects dans la jouissance de cette concession; ils ne pourraient d'ailleurs satisfaire à toutes les demandes d'emploi. Les propriétaires parcellaires devront donc solliciter du travail dans les exploitations d'État. Ils seront ainsi mi-socialisés, mi-indépendants, ils participeront à la fois au fonctionnement de l'ancienne société et à celui de la nouvelle.

Mais leur situation bizarre ne sera, sans doute, pas très durable. Car, outre qu'ils auraient leur part de toutes les difficultés réservées aux autres cultivateurs autonomes, il est probable que les ouvriers sociaux ne feraient pas un accueil enthousiaste à ces camarades irréguliers, restés propriétaires, ne venant travailler avec eux qu'aux époques seulement où le champ particulier ne réclame pas leurs soins, et qu'ils trouveraient des arguments décisifs pour les convaincre de se donner tout entiers à la production collectiviste.

D'ailleurs pourraient-ils seulement exploiter leur lopin ? Aujourd'hui, en effet, la plupart ne possèdent ni chevaux ni outillage. Ce sont les cultivateurs chez lesquels ils travaillent, qui labourent, sèment, hersent pour eux. Or, comme ils ne les emploieront plus, ils s'abstiendront naturellement de leur rendre ces services.

De la sorte, ceux-ci, à la façon des autres propriétaires indépendants, seront amenés, par la force des choses, à entrer dans l'ordre collectiviste.

En tout cas, pendant quelque temps au moins, la commune rurale présentera l'aspect suivant : d'un côté, des ouvriers sociaux exploitant les terres nationales sous la direction immédiate ou non de l'État; de l'autre, des familles de paysans cultivant leur domaine; enfin, entre les deux classes, allant de l'une à l'autre, des propriétaires parcellaires travaillant tantôt sur leur domaine particulier, tantôt sur celui de la nation.

Une solidarité fraternelle entre les hommes, une harmonie parfaite de la vie économique doivent vivifier l'État nouveau ; du moins, les collectivistes voient dans ces résultats le couronnement certain de leurs efforts.

La coexistence de ces divers groupes de producteurs ne semble pas faite pour les assurer. Ces petites sociétés restées maîtresses d'elles-mêmes au sein de la grande, remplies de défiance à l'égard de celle-ci qui les guette comme une proie prochaine ; ces blocs de citoyens demeurés indépendants, soucieux de se mêler le moins possible à la vie collectiviste, parce qu'ils courent des dangers hors de leur cercle, doués d'instincts particularistes, restes de l'ancien régime, animés de sentiments égoïstes, parce qu'ils croiront avoir des intérêts séparés, auront un aspect choquant, feront tache dans la société, rompront son unité.

Mais pour un temps seulement ; car ces groupes de petits cultivateurs indépendants, quoi qu'on dise, ne pourront être que provisoires; leur maintien en régime collectiviste n'est qu'un répit; ils seront fatalement atteints par la socialisation. Ces petits propriétaires, dont l'exploitation devra méconnaître l'intérêt général, verront leur droit peu à peu démembré, et leur activité se trouvera sans cesse entravée. Les uns se décourageront vite, les autres essayeront de lutter plus longtemps ; tous finiront par succomber. Les collectivistes parlent de la substitution « nécessaire et progressive » de la propriété sociale à la propriété individuelle : ces petits propriétaires cultivateurs ne seront pas frappés immédiatement, c'est une dépossession à mouvement continu, un collectivisme successif qui leur sera appliqué. Il se produira sans cesse des vides dans leurs rangs, chaque jour enregistrera la socialisation de l'un d'entre eux, et bientôt, dans le monde collectiviste, l'harmonie s'épanouira largement sur les ruines de la dernière propriété privée.

SECTION III

Le maintien de la petite propriété foncière, est en contradiction avec les principes collectivistes.

La séparation que les collectivistes établissent entre la grande et la petite propriété est purement factice. L'une est capitaliste, disent-ils, l'autre ne l'est pas ; seule, celle-ci est véritablement un instrument de travail ; elle doit donc être respectée, car notre préoccupation dominante est de réunir dans les mêmes mains la propriété et le travail.

D'abord, il n'est pas certain que ce soit là le véritable rôle du collectivisme. Certains théoriciens, Engels notamment, protestent contre cette manière de voir, et affirment que le système consiste bien à remettre les moyens de production aux producteurs, mais à titre collectif. Sans insister sur ce point, pas plus que sur le mérite du principe qui justifie l'expropriation d'une valeur parce qu'elle est capitaliste, pourquoi refuser à la petite propriété la qualité qu'on accorde à la grande? Le blé récolté sur le champ du petit paysan n'est-il pas le produit du capital au même titre que celui qui pousse sur le grand domaine, et ce dernier n'a-t-il pas autant de droit que cet autre à être considéré comme un instrument de travail aux mains de son détenteur qui l'exploite? Ce n'est pas l'emploi de salariés qui peut lui conférer cette indignité; les socialistes, d'ailleurs, peu-

vent d'autant moins l'admettre que certains d'entre eux
permettent aux petits propriétaires l'usage de main-
d'œuvre étrangère.

Le professeur Gerolamo Gatti, député socialiste au
parlement italien, rapporteur de la question agraire au
Congrès de Bologne (1897), s'élève avec beaucoup de
raison contre cette étrange théorie. « Il est inexact,
écrit-il, que le lot du petit propriétaire soit une « forme
de travail », comme le déclare M. Jaurès ; ainsi que le
grand domaine, c'est un capital sur lequel le paysan
emploie son travail. Cela est si vrai que celui-ci peut
devenir absentéiste, faire exploiter son bien ou n'en
cultiver qu'une partie, et recueillir un revenu repré-
senté par la plus-value du travail de ses ouvriers. Pourquoi l'en empêcherait-on ? En réalité, la petite propriété
foncière est à la fois un capital foncier fixe (la terre) et
un capital mobilier (outillage, bétail). Le rendement
qu'obtient le paysan propriétaire est, pour partie, le
salaire de son propre travail, le revenu de son capital
mobilier et la rente de son capital fixe. Or, puisque,
selon la doctrine collectiviste, aucun particulier ne doit
disposer de ce qui, indépendamment de son travail,
peut, à un moment quelconque, donner un revenu, la
thèse soutenue par la majorité des socialistes français
est hétérodoxe : elle essaie d'assimiler un instrument
de production à un instrument de travail, afin de l'introduire en contrebande parmi les outils professionnels,
dans le domaine du collectivisme. La bêche, la pioche
du petit propriétaire sont ses outils, sans doute, comme
le rabot est celui du menuisier, et le ciseau celui du
sculpteur ; mais son lot de terrain est un instrument de
production, c'est-à-dire, selon la doctrine collectiviste,
un objet à nationaliser » (1).

Rationnellement, il faut reconnaître que la petite
propriété est un capital comme la grande ou qu'elles ne

(1) *Le Socialisme et l'Agriculture* (Giard et Brière, Paris, 1902, p. 255).

le sont ni l'une ni l'autre, que toutes les deux sont ou ne sont pas des instruments de travail.

Que si l'on faisait reposer l'expropriation sur le principe supérieur et moins inadmissible de l'illégitimité originelle et radicale de la propriété foncière ou sur la théorie ricardienne de la rente, la petite, comme la grande sont entachées des mêmes vices, et l'on ne peut laisser subsister l'une en confisquant l'autre. Pour être petit, le propriétaire campagnard n'en est pas moins un propriétaire, un homme qui détient personnellement ce qui devrait être commun à tous, un homme au profit de qui il y a une inégalité.

Il n'existe, en définitive, aucune différence de nature, d'essence entre ces deux catégories de propriété, mais seulement une différence de degré, d'étendue. Il ne peut y avoir deux droits différents de propriété, l'un pour le grand domaine, l'autre pour le petit. La propriété n'est pas une mesure, mais un droit ; le droit n'est pas une question de chiffre. Il n'y a pas deux genres de propriété individuelle, mais une propriété individuelle et une propriété collective.

C'est d'ailleurs dans ce sens que, jusqu'à une époque récente, s'était toujours affirmé l'esprit général du collectivisme. Marx, Lassalle, Engels, aucun des pères de la doctrine, n'ont jamais songé à faire la moindre distinction. M. Guesde, autrefois, n'en faisait pas non plus : « La classe productive ne sera libre que lorsqu'elle aura détruit l'appropriation individuelle des moyens de production et lui aura substitué l'appropriation sociale ou collectiviste » (1). Ailleurs, il est plus précis encore : « Des capitaux qu'il s'agit de reprendre, quelques-uns, comme la terre, ne sont pas de création humaine. Ils ne sauraient, par suite, appartenir aux uns à l'exclusion des autres » (2). La terre, alors, semblait avec

(1) *Programme du Parti ouvrier*, publié par MM. Guesde et Lafargue en 1892.
(2) *Collectivisme et Révolution*.

raison plus digne de l'expropriation que tout autre moyen de production.

Le sol doit être socialisé, comme les usines et tous les moyens de production; c'est l'essence même de la doctrine. On la retrouve dans une multitude d'ouvrages, comme aussi dans tous les congrès socialistes étrangers et dans les congrès français antérieurs à 1892, qui, tous, proclament le droit de la communauté au sol et au sous-sol, et concluent à l'appropriation sociale, sans distinguer.

Existerait-il d'ailleurs une raison sérieuse de distinguer entre les grands et les petits propriétaires, que le respect et la protection, accordés à ceux-ci en régime collectiviste, n'en constitueraient pas moins à l'actif des socialistes une incohérence semblable à celle qui résulte de la volonté d'améliorer leur situation dans la société présente, grâce à un ensemble de réformes transitoires.

Les socialistes, en effet, affirment partout que l'évolution économique condamne la propriété paysanne à une disparition prochaine et fatale, dans notre régime ou hors de lui s'il s'écroule rapidement. Le développement de la grande production, en concentrant de plus en plus les moyens de domination et de puissance, conduit à. l'écrasement certain de la petite exploitation. De même que la grande industrie a tué la petite, ainsi fera la grande agriculture. « Les jours de l'agriculture individuelle sont comptés », écrit Benoît Malon [1]. — « La propriété paysanne est fatalement appelée à disparaître [2] », « Les faits, écrit M. Deville, nous conduisent à une organisation économique où, avec le propriétaire privé, aura disparu le salariat. Cette suppression de la propriété individuelle n'est pas une fatalité parce que la justice le prescrit, mais parce que l'évolution de l'organisme producteur l'impose impérieusement [3] ».

[1] *Revue socialiste*, 1890, n° 61.
[2] *Programme agricole du Parti ouvrier*.
[3] *Aperçu sur le Socialisme scientifique*, p. 20.

En voulant maintenir la petite propriété, les socialistes prétendent exécuter une tâche dont ils reconnaissent l'impossibilité, puisqu'ils ont contre eux l'évolution implacable et toute-puissante. Et ils partiraient en guerre contre cette force irrésistible, alors surtout qu'ils se sont toujours réclamés d'elle jusqu'alors et n'ont jamais cessé d'applaudir à son œuvre !

Et pourquoi faire ? Car si l'on peut admettre à la rigueur qu'actuellement ils essayent d'accomplir cette besogne surhumaine, dans le but généreux d'éloigner des petits propriétaires les nouvelles misères qui vont sortir de leur prolétarisation, on ne voit plus quel serait l'intérêt de leurs efforts, le régime collectiviste une fois institué. Alors, en effet, les paysans n'auront plus rien à redouter, c'est M. Deville lui-même qui nous l'apprend, et leur dépossession nécessaire s'opérera sans douleur : « En période socialiste, cette évolution ne se doublera plus de misère pour ceux qu'elle atteindra, les moyens de production socialisés étant à la disposition de leur activité comme à celle de tous, avec les avantages que la production sociale assurera en toute propriété à chacun ; tandis qu'aujourd'hui ceux qui perdent leur moyen de travailler tombent dans le prolétariat, sans être assurés de trouver le placement nécessaire pour vivre, de leurs bras ou de leur cerveau (1) ».

Ils devraient d'autant moins essayer d'entraver l'évolution, que tous les frais de leur succès seraient payés par l'intérêt général.

L'évolution, selon eux, du moins, travaille, en effet, pour celui-ci, car elle tend à débarrasser la production de la petite propriété qui ne cesse de conspirer contre elle et permet ainsi de plus en plus à la grande exploitation, forme à tous égards supérieure, de porter tous ses fruits. Les socialistes ne songent pas à douter de cette supériorité. Karl Marx écrit : « Ce régime de petits pro-

(1) J. O., déb. p., Ch. des Dép., 1897, p. 2323, col. 3.

ducteurs indépendants travaillant à leur compte... exclut
la coopération sur une grande échelle, la subdivision
de la besogne, le machinisme, la domination suivante
de l'homme sur la nature..., le concert et l'unité dans les
fins, les moyens et les efforts de l'activité collective. Il
n'est compatible qu'avec un état de la production et de
la société étroitement borné. L'éterniser, conclut-il logiquement, serait décréter la médiocrité en tout. Il doit
être anéanti (1) ». — Pour lui, c'est « le progrès qui fait
disparaître le paysan ». — « Mentionnons, dit M. Deville, que cette petite propriété rurale, si vantée et si peu
rémunératrice est une des principales causes, par la sté-
rilité préméditée de gens ne voulant pas que leur petit
domaine s'émiette, de l'affaiblissement de la natalité en
France... La petite propriété rurale est vouée à la disparition, mais sa fin inévitable sera d'autant moins
ruineuse pour la nation qu'on préviendra plus tôt ce qui
ne saurait être esquivé (2) ». — M. Guesde, à son tour, se
plaint qu'elle soit un obstacle au progrès général : « Impossible d'indiquer un seul progrès, dans quelque ordre
que ce soit, qui n'ait été accompli contre la masse
paysanne qu'il a fallu en quelque sorte violer pour se
laisser féconder (3) ». Et cette infériorité productive et
sociale est justement un des moyens dont usent les socialistes pour essayer de démontrer la nécessité de leur
régime, qui sera celui de la grande exploitation par
excellence et inaugurera ainsi une ère de prospérité
insoupçonnée.

Mais, comment peuvent-ils, d'une part, exalter les
mérites de la grande exploitation, de l'autre proclamer
leur sollicitude pour la petite? Puisque celle-ci ralentit
le développement de l'humanité, ils devraient se prononcer contre elle, avec d'autant moins d'hésitation que
sa place prépondérante dans notre pays la rend parti-

(1) *Le Capital*, chapitres 29 et 32.
(2) *Aperçu sur le Socialisme scientifique*, p. 15.
(3) *J. O.*, déb. p., Ch. des Dép., 1897, p. 1031, col. 1.

culièrement dangereuse. La logique, en tout cas, les force à choisir entre ces deux termes opposés.

Doit-on penser que, se plaçant à un point de vue doctrinal supérieur qu'ils jugent exact, ils se croient obligés malgré tout, et quittes à sacrifier l'intérêt général, de respecter et de consolider les exploitations paysannes, en régime collectiviste, parce qu'elles symbolisent l'union de la propriété et du travail?

Ils s'y prennent d'une singulière façon pour atteindre leur but. Ils ont toujours estimé, en effet, que la grande exploitation, grâce à ses multiples moyens de domination, à sa production meilleure et plus économique, écrase peu à peu la petite; la concentration capitaliste de la propriété foncière a commencé la ruine du paysan et la poursuit tous les jours en même temps que son propre développement. Or, le collectivisme sort des entrailles mêmes du régime capitaliste; il n'est que du capitalisme développé, le couronnement du capitalisme, et réalise la concentration maxima, avec sa supériorité toute-puissante. Et il prétend se poser en sauveur de la petite propriété! Celle-ci ne risquerait plus rien parce que son ennemi aurait changé de nom et multiplié ses forces! Bien plus, sa situation serait améliorée!

Théoriquement, il faut reconnaître que sa position n'aura jamais été pire, que si elle se trouvait menacée auparavant, elle sera désespérée après. Jamais le paysan n'aura possédé autant de chances d'être écrasé. En sorte que s'il entendait l'appel qu'on lui adresse, s'il aidait au renversement de notre société, il aurait lui-même perfectionné l'arme qui lui donnerait le coup de grâce.

Les socialistes peuvent avoir de très généreuses intentions; mais le procédé dont ils désirent faire usage tournerait à l'encontre de leurs desseins. Nous avons vu que la mise en pratique de leur système provoquerait la socialisation rapide et fatale de la petite propriété. La théorie conduit au même résultat.

Alors pourquoi vouloir maintenir les propriétaires-paysans, puisqu'ils ne pourront l'être, puisque l'intérêt général du collectivisme comme ses principes fondamentaux s'y opposent?

On a reproché aux socialistes français de ne pas s'être mépris sur la valeur de leur théorie. Ils auraient volontairement abandonné leur doctrine originaire devant la propriété du sol (car ils n'introduisent aucune distinction au sein du capital mobilier), et se seraient engagés dans des méandres opportunistes pour y trouver un instrument de propagande destiné à faciliter l'important et indispensable conquête de la clientèle électorale campagnarde, jusqu'ici réfractaire. Les paysans aiment par-dessus tout leur petite propriété, « ils s'attachent âprement à leur motte de terre », aucune privation ne leur coûte pour la conserver, ils ne veulent à aucun prix qu'on y touche: ce sont des propositions devenues banales à force d'être affirmées et confirmées.

Ainsi, le même raisonnement qui aurait produit le programme réformiste et transitoire du congrès de Marseille, aurait donné le jour à ce système définitif. Les socialistes auraient repétri leur doctrine sur une de ses faces, pour l'ajuster au tempérament du paysan, et cette adaptation, pourtant ingénieuse, serait la cause des incohérences et des contradictions que nous avons signalées.

Ce système équivaudrait à un travail de diplomate doué d'une incomparable souplesse d'esprit, et la logique, contre toute apparence, n'y ferait pas défaut, seulement ce serait de la logique électorale (1).

(1) L'attitude des socialistes français, écrit Gatti (op. cit., p. 256 et suiv.), critiquable en théorie, s'explique pratiquement. Le socialisme marxiste, né dans un milieu industriel, a prononcé la condamnation à mort de la petite agriculture, comme il avait, avec raison, prononcé celle de la petite industrie. Cette prophétie de la rapide concentration de la propriété ne s'est pas réalisée en France. De là l'embarras des socialistes français qui ont dû s'efforcer de concilier leur doctrine avec les exigences pratiques de la lutte politique, d'imaginer un collectivisme où la petite propriété, déguisée en instrument de travail, tient une place à part.

Cette logique particulière aurait inspiré M. Vandervelde quand, au congrès international de Londres en
1896, il déclarait que les mêmes procédés ne pouvaient
être appliqués à l'Angleterre, pays des Landlords, à la
Belgique et à la France, où des millions de petits propriétaires se trouvaient, selon l'expression de Marx, « soudés
à leurs moyens de production comme l'escargot à sa
coquille (1) », et qu'il importait de s'y prendre avec
eux d'une autre façon. C'est elle aussi qui animait Liebknecht, lorsqu'il s'écriait au congrès de Halle: « Les
paysans tiennent étroitement à la propriété; un décret
d'expropriation les exciterait à la plus violente résistance, peut-être à une rébellion ouverte; il faut donc
procéder avec la plus grande précaution (2) ». Il ajoutait
qu'un esprit nouveau devait guider les socialistes mar-
chant à la conquête des campagnes. C'est la même logique qui aurait fait dire à M. Vollmar: « Il faut à l'égard
du paysan changer complètement notre façon d'agir. Il
faut brûler d'abord toutes les vieilles brochures dont
nous nous sommes servis pour la propagande industrielle (3) ».

Vollmar et Liebknecht appartenaient à une région de
petites propriétés. Si beaucoup combattaient cet esprit
nouveau, Kautsky, Schippel, Engels, entre autres, c'est
qu'ils avaient vécu trop près de Marx pour l'oublier si
vite, c'est peut-être aussi qu'ils habitaient à l'est de
l'Elbe, au milieu de latifundia (4).

(1) *La Question agraire au Congrès de Londres.*
(2) *Revue socialiste*, novembre 1891.
(3) *Revue socialiste*, novembre 1891, p. 632.
(4) Si cette théorie, en effet, ne provoqua que de rares discordances dans
notre pays, il n'en fut pas de même à l'étranger, où elle fut accueillie par
d'ardentes protestations, qui se donnèrent libre cours dans les congrès et
dans les écrits socialistes. « La terre, dit Kautsky, est le plus important de
tous les moyens de production; c'est la base de toute production et de la vie
humaine, en général; socialiser les autres moyens de production et laisser
la terre propriété privée serait une vraie absurdité ». Engels écrit : « Le
socialisme n'a pas intérêt à maintenir la petite propriété, mais à la faire
disparaître, car là où elle existe, dans la mesure où elle existe, elle rend la
propriété commune impossible » (*Die neue Zeit*, 1891, n° 10). Il prétend,

Dans le même temps, les socialistes anglais se prononçaient pour la nationalisation immédiate de tout le sol de leur patrie.

Tant il est vrai, qu'à la façon des systèmes économiques ordinaires, les systèmes socialistes paraissent se modeler sur la situation économique des pays où ils prennent naissance.

Les socialistes ont-ils eu réellement cette pensée opportuniste? Il est permis de le croire. Peut-être se sont-ils rendu compte de l'accroc qu'ils faisaient aux principes et de l'atteinte qu'ils portaient à l'intérêt général, en laissant subsister ce mode de propriété « surannée »; mais peut-être se sont-ils dit aussi qu'ils ne risquaient pas grand'chose en prenant ces engagements, car la survivance de ces petites propriétés ne pouvait être durable, que s'ils devaient se résigner à faire une halte sur le chemin du collectivisme intégral ils reprendaient bien vite leur marche en avant.

avec raison, qu'il est contradictoire au parti socialiste qui ne pourra réaliser pleinement son idée que par le travail collectif et la production collective, de prolonger l'existence de cette propriété morcelée et impuissante qu'est la propriété paysanne. Ailleurs : « Nos amis français sont les seuls à tenter d'éterniser le petit propriétaire paysan.. Si l'on veut maintenir la petite propriété d'une façon permanente, on sacrifie les principes, on devient réactionnaire » (op. cit.). Il reproche aussi à ses amis de France « de se donner une apparence de déloyauté, en ayant l'air de promettre ce qu'ils savent ne pouvoir tenir ». — De même tous les chefs du parti socialiste italien sont d'accord sur ce point : ne pas promettre aux paysans propriétaires, avec l'avènement du collectivisme, la conservation de leur petite propriété; elle ne peut être considérée comme un instrument de travail et doit faire retour à la nation.

En France, il n'y eut guère que les délégués du parti ouvrier révolutionnaire qui, peu après la dissolution du congrès de Nantes, proclamèrent la nécessité « de poursuivre la suppression du sol, sous-sol, instruments de travail ». Cependant, le congrès des Allemanistes, réuni à Dijon en 1894, adopta la résolution suivante : « La terre, désormais reconnue propriété sociale collective, sera déclarée inaliénable; toutes les propriétés terriennes, sol et sous-sol en tant que nue-propriété, feront aussitôt retour à la collectivité. L'usufruit sera maintenu à tous ceux des propriétaires qui cultivent par eux-mêmes sans employer de travailleurs agricoles ». Qu'est-ce que cet usufruit, à côté du maintien de la propriété « sans modification ni nominale, ni réelle », même avec emploi de salariés! L'année suivante (9 juin 1895), le même congrès réuni à Paris vota cette résolution plus précise : « Abolition de la propriété individuelle et du principe même, sous quelque forme que ce soit ».

SECTION IV

Le régime collectiviste, en faisant nécessairement disparaître la petite propriété, se prive d'un élément de production très important.

Les collectivistes, tout en maintenant en théorie la petite propriété, voient en elle une forme économique complètement usée. Ils prétendent ainsi attacher une séduction particulière à leur doctrine, qui permet à la grande exploitation de se développer largement.

Nous estimons, au contraire, que la petite propriété agricole, loin de ne pouvoir soutenir la comparaison avec la grande, révèle en beaucoup d'endroits une supériorité certaine sur celle-ci; et puisque la pratique du système que nous avons étudié conduit à sa disparition, nous pensons qu'ainsi la nouvelle société se trouvera privée d'un élément très précieux, qui eût été sans doute sa planche de salut, car seul il eût été capable de combler un peu les vides de la production collectiviste.

La grande et la petite propriété, qui sont d'ordinaire respectivement liées à la grande et à la petite culture, ont eu de tout temps des partisans et des détracteurs passionnés. Nous n'avons pas l'intention de passer une revue très minutieuse des avantages et des inconvénients respectifs de chacune d'elles; ils ont été très souvent et très longuement exposés, et le débat ne semble pas devoir être près de se clore.

Examinons rapidement si les éloges qu'on décerne à la grande exploitation, si les critiques qu'on adresse à la petite, sont vraiment fondés.

Les admirateurs de la première lui attribuent généralement les mérites suivants:

1° *Son importance même permet d'appeler à sa direction des gens intelligents et instruits, sans cesse à l'affût d'amé-*

liorations de tous genres, seuls promoteurs du progrès agricole.

Nous ne contestons pas que la hardiesse de vues des
grands propriétaires, les capitaux dont ils disposent ne
leur permettent d'utiles expérimentations qui profitent
d'ailleurs à tous,les exploitants; car les petits propriétaires voisins ne manquent pas de tirer parti des enseignements mis ainsi gratuitement à leur disposition et
d'utiliser les nouvelles méthodes sorties victorieuses des
expériences coûteuses du grand agriculteur. L'existence
des grandes propriétés à côté des petites est donc utile;
mais cela n'entame en rien la valeur de celles-ci.

2° *Les frais généraux d'exploitation sont proportionnellement moindres pour la grande exploitation que pour la
petite; la première nécessite moins de constructions, moins
d'attelages et permet l'emploi de machines.*

Mais dans les petites fermes comme dans les grandes,
rien ne s'oppose à ce qu'on proportionne exactement
l'importance des bâtiments comme celui des attelages à
l'étendue des terres. Et pourquoi la petite culture serait-
elle incompatible avec l'emploi de machines? Un domaine, pour être petit, n'en est pas pour cela essentiellement divisé en parcelles infimes. Lorsque nous parlons
de petite propriété, nous avons en vue un domaine nor-
malement constitué, suffisamment aggloméré; la disper-
sion parcellaire n'est pas plus de l'essence de la petite
exploitation que de la grande. Il est vrai que l'acquisition de machines coûteuses ne serait pas une très bonne
opération pour le petit exploitant. Mais les syndicats
agricoles remédient à cet inconvénient en mettant à la
disposition de leurs membres l'outillage le plus perfectionné.

Rien donc ne permet d'affirmer que les frais d'exploi-
tion soient plus considérables dans la petite exploitation,
si l'on songe surtout que seule celle-ci peut, sans frais
supplémentaires, développer certains produits assez
rémunérateurs comme ceux de la basse-cour, et surtout

qu'elle dispose d'une main-d'œuvre infiniment moins chère parce qu'elle est plus active que celle de la grande exploitation (1).

3° *Les grandes fermes seules peuvent profiter des avantages résultant de la division du travail.*

Mais si la division des tâches est dans l'industrie une des conditions fondamentales du succès, il n'en est pas de même en agriculture où les travaux sont pénibles souvent, mais toujours très simples, et ne requièrent aucune espèce d'habileté ni de tour de main particuliers.

4° *Supériorité dans la production du bétail.* Les grandes fermes seules peuvent entretenir des moutons en quantité suffisante pour couvrir les frais de garde.

Rien n'est plus exact, car l'élevage du mouton exige en effet de grands espaces. Mais, est-ce là un avantage bien sérieux? Les troupeaux de moutons sont loin, en effet, de laisser un bénéfice appréciable au bout de l'année, en raison surtout des épidémies qui les déciment souvent. D'autre part, l'important mérite qu'ils ont de fournir à la terre un excellent et abondant engrais, diminue de plus en plus avec le développement des engrais artificiels.

En tout cas, si la petite exploitation se refuse à l'élevage des bêtes à laine, elle nourrit proportionnellement plus de gros bétail que la grande. L'expérience, les statistiques, nous apprennent que les départements où la propriété est le plus divisée, sont précisément ceux où l'on compte le plus d'animaux de l'espèce bovine. La plupart des économistes et des agronomes en arrivent d'ailleurs à cette conclusion.

Aussi, sommes-nous surpris de trouver une opinion contraire dans le très intéressant travail de notre ami M. Tainturier, sur « l'état et le rôle de la petite propriété

(1) Les chiffres des monographies paraissent assez peu probants, car l'examen des mêmes fermes donne souvent des résultats opposés, selon qu'il est fait par des partisans ou par des adversaires de la grande culture.

rurale en France (1) ». L'auteur n'ajoute pas foi aux
constatations que M. Souchon, en particulier, dégage de
la statistique agricole décennale de 1882. Pour lui, ce
n'est pas au morcellement de la propriété qu'il convient
d'attribuer l'abondance des animaux de l'espèce bovine,
mais à des circonstances particulières de situation, de
température (2). Du reste, ajoute-t-il, serait-il établi que
la petite exploitation entretient plus d'animaux que la
grande, il n'en résulterait pas du tout qu'elle l'emportât
sur celle-ci, au point de vue de la production de l'engrais. Les paysans, en effet, nourrissent leur bétail
comme ils se nourrissent eux-mêmes, chichement, de
sorte qu'ils contribuent moins que les grands propriétaires à entretenir la fertilité de la terre.

Voilà un fait sur lequel la statistique ne nous ren-
seigne pas. Cependant, tous ceux qui vivent au milieu
des populations agricoles savent que si le paysan est
quelquefois dur pour lui-même, et « mesure strictement
ses rations », fait d'ailleurs très contestable, il se comporte tout autrement vis-à-vis de son bétail et qu'il
accorde une place bien plus importante au vétérinaire
qu'au médecin ; pour lui, c'est un signe de suprême
déchéance que d'avoir des animaux en mauvais état, et
l'on ne peut mettre en doute les soins minutieux et em-
pressés dont il les entoure, à la différence de beaucoup
de valets de ferme et de régisseurs. — Et ce sont d'ailleurs ces soins minutieux qui donnent à la petite exploitation une nouvelle supériorité sur la grande, au point
de vue de la qualité de la viande (3).

5° *Les petits cultivateurs ignorent les premiers éléments
de la science agricole. La routine seule les guide.*

---

(1) Librairie Venot, Dijon, 1900.
(2) M. Tainturier, cependant, concède à la petite propriété certains avantages au point de vue de l'espèce porcine. Il est vrai qu'il déclare aussitôt que
cette espèce, en raison de la quantité dérisoire d'engrais qu'elle produit,
n'est que très peu digne d'intérêt.
(3) Cette supériorité semble bien établie. *Die Herren Auge mæstet sein
Viels* (l'œil du maître engraisse son bétail) est devenu un dicton populaire
en Allemagne.

Est-ce bien exact? Les paysans ne sont pas, en effet, les promoteurs des progrès agricoles. Mais bien qu'assez peu enthousiastes pour les nouveautés, ils s'empressent d'adopter les perfectionnements qui ont fait leurs preuves. Et puis, ce manque d'instruction spéciale tend à s'atténuer de plus en plus; de nombreuses conférences à la campagne vulgarisent la science agricole; les champs d'expériences se multiplient, et les programmes suivis dans les écoles communales des centres ruraux font maintenant une place importante à l'enseignement agricole.

6° *La petite propriété manque de capitaux.*

Il est vrai que d'une façon générale les petits agriculteurs ne disposent pas de capitaux proportionnellement aussi considérables que les grands exploitants, bien que l'esprit d'épargne du paysan français laisse rarement passer une année sans augmenter ses réserves. Cet inconvénient, si l'on n'y pouvait parer, placerait la petite propriété dans un état d'infériorité qui tendrait à croître tous les jours. Car, de plus en plus, l'importance de la place occupée par la rente dans le profit cultural diminue; la nouvelle culture rationnelle compte plus sur la préparation intelligente et les nouveaux procédés (labours, engrais, irrigation, machines) que sur les énergies du sol; le capital mobilier passe au premier rang. Heureusement, ici, le petit cultivateur trouve un puissant auxiliaire dans l'association. En même temps qu'elle met à sa disposition des machines dont l'achat serait trop onéreux pour lui, c'est elle en effet qui lui fait un crédit très large et à très bon marché. Et si le grand propriétaire réussit à créer des industries où il transforme ses produits, et à se passer ainsi des intermédiaires, les sociétés coopératives, les beurreries, les fromageries en particulier, permettent aux petits de profiter des mêmes avantages.

Ainsi, là où la petite culture semble faiblir, l'association vient la relever avec succès; en sorte qu'aux diffé-

12

rents points de vue que nous avons examinés, on peut dire d'une façon générale qu'elle se trouve à peu près dans les mêmes conditions que la grande exploitation. Mais elle révèle des qualités particulières qui sont aussi précieuses que connues.

Le petit exploitant, seul, peut se livrer à des cultures très rémunératrices, mais qui réclament des soins minutieux : ainsi, la culture maraîchère, celle du tabac, à laquelle les femmes et les enfants consacrent leurs moments perdus.

Il peut apporter la plus grande attention dans tous les détails de son exploitation; il acquiert de la sorte la connaissance exacte de toutes les particularités de sa terre et ne manque pas d'en tirer parti.

La petite propriété tire surtout avantage de sa main-d'œuvre qui est économiquement très supérieure à celle de la grande propriété. Elle n'est pas obligée, en effet, de faire appel à des bras étrangers. Or, nous avons vu que le travail agricole salarié avait des inconvénients spéciaux : il se prête mal à la division comme à l'application du salaire à la tâche; et puis la surveillance des ouvriers, très dispersés, y est particulièrement difficile. La petite propriété n'en souffre pas, c'est le travail autonome qui s'y applique à peu près exclusivement. Elle en recueille les incontestables avantages, et l'intérêt personnel qui surexcite l'activité du paysan et de ses enfants, la rend remarquablement productive (1).

Au point de vue social, ses mérites ne sont pas moins grands. Il est inutile d'insister sur les qualités physiques et morales du paysan. L'ordre et l'épargne sont ses vertus traditionnelles et son patriotisme lui a

(1) Ce sont ces efforts opiniâtres des paysans français, dont s'émerveillait Arthur Young. Bien qu'il ne fût pas tendre pour la petite propriété et qu'il prît en pitié dédaigneuse ces malheureux qui s'acharnaient à cultiver leur « goulée de benasse », transformant ainsi peu à peu le sol français en une « garenne de lapins », il ne pouvait néanmoins masquer son admiration devant leur travail acharné qui changeait « le sable en or, le rocher en champ de blé et en vignoble ». (*Voyage en France*).

toujours fait mettre son argent et sa personne à la disposition du pays, aux jours de crise.

La classe des petits cultivateurs constitue donc un
élément économique et social qu'il importe au plus
haut point de conserver.

Des circonstances spéciales rendraient-elles leur situation actuellement difficile, qu'il faudrait tout faire pour
l'améliorer.

Celle-ci, par bonheur, est loin d'être telle que la
dépeignent les socialistes.

TROISIÈME PARTIE

C'EST A TORT QUE LES SOCIALISTES CROIENT QUE
L'ÉVOLUTION ÉCONOMIQUE CONDUIT A LA SOCIA-
LISATION RAPIDE ET FATALE DE LA PROPRIÉTÉ
AGRICOLE.

CHAPITRE PREMIER

La petite propriété n'est pas à l'agonie.

Les socialistes, en effet, ne prétendent pas seulement
que la petite propriété est une forme économique inférieure et démodée qui ralentit la production, mais
encore que sa situation actuelle est misérable, désespérée. La grande exploitation, les charges hypothécaires
l'écrasent; elle est à l'agonie, et son élimination, déjà
commencée au bénéfice des grands propriétaires, sera
bientôt définitive. Elle partage le sort de la petite
industrie; la transformation des conditions économiques
l'exige.

Ainsi, l'heure du collectivisme, qui n'est que l'achè-
vement du régime capitaliste, va bientôt sonner. Quoi
qu'il arrive, les paysans ont donc un intérêt essentiel
à se joindre aux ouvriers des villes, pour précipiter son
avènement, puisqu'il doit les protéger. S'ils refusent
leur concours, le servage qui les guette les atteindra vite.
Le collectivisme triomphera quand même, mais trop
tard pour les sauver.

Nous sommes loin de partager l'idée que se font les socialistes de l'état présent de la petite propriété rurale. Nous croyons, au contraire, qu'elle se trouve placée dans des conditions particulièrement favorables.

Deux causes principales, en effet, portent une très grave atteinte à l'ancienne prospérité de l'agriculture française. D'abord, l'abaissement considérable des prix de denrées; c'est l'aspect sous lequel se manifeste la crise agricole. La mise en culture des pays neufs jette sur notre pays d'énormes quantités de blé, qui font une concurrence ruineuse au blé national. De sorte que les grandes exploitations, dont c'est la production principale, sont dans une situation très alarmante.

Toute différente est celle du petit cultivateur qui ne produit pas pour le marché et consomme la plus grande partie de sa récolte. L'avilissement des prix ne l'atteint que faiblement et le remède souverain à la crise agricole serait peut-être que les grandes fermes fussent fractionnées en petites exploitations.

L'agriculture française souffre d'un autre mal qui réside dans les difficultés de recrutement des ouvriers. Le « manque de bras » dans les campagnes n'est assurément pas un évènement moderne et ce n'est pas d'hier non plus qu'on en parle. Déjà Columelle, au début de l'ère chrétienne, dans son fameux traité *de Rustica*, s'en plaignait vivement. Mais le mal atteint de nos jours une grande acuité. Quels que soient les perfectionnements des machines agricoles, la part de l'homme dans les travaux des champs reste toujours très importante. Dans certains endroits, des cultures très rémunératrices, mais exigeant beaucoup de main-d'œuvre, comme celle de la betterave, ont dû être abandonnées. Les grands exploitants en arrivent à oublier toutes leurs misères pour ne plus se préoccuper que de la pénurie des journaliers et des domestiques, et le danger ne semble pas devoir disparaître

Cette situation regrettable en crée une autre qui ne

l'est pas en soi, mais dont ils souffrent aussi : le relèvement des salaires ruraux. Le mouvement de hausse inin-
terrompu que ceux-ci subissent depuis longtemps et
qui ne semble pas devoir s'arrêter, s'est précipité en
beaucoup d'endroits avec la rareté de la main-d'œuvre.
On ne pourrait certes qu'y applaudir sans réserves, si la
baisse des profits culturaux ne suivait malheureusement
une marche correspondante.

Les petits exploitants échappent à toutes ces difficultés très graves qui assaillent les grands entrepreneurs de
culture.

Et ce phénomène n'est pas spécial à notre pays. Les
grandes fermes anglaises, dont la prospérité devrait être
assurée grâce à des perfectionnements techniques de
toutes espèces, largement appliqués, à des races admi-
rables de bétail produites par une intelligente sélection,
tombent en faillite. Les landlords ont dû consentir de
fortes réductions sur les fermages et beaucoup de tenan-
ciers ne payent aucune redevance. Malgré cela, une
grande quantité de terres restent en friches. Les hommes
d'État anglais, qui s'accordent à voir dans le morcellement le meilleur remède à cette situation fâcheuse,
ont fait voter, dès 1892, une loi sur les *Small holdings*,
dont le but est de permettre la création de véritables
petites propriétés à la française. Déjà, une série de
petites fermes se sont constituées, qui obtiennent,
paraît-il, de bons résultats.

M. Georges Blondel, dans sa remarquable étude sur « les
populations rurales de l'Allemagne », observe que dans
ce pays, ce sont les grandes et les moyennes propriétés
qui paraissent le plus souffrir de la crise agricole, du
bas prix des produits, du renchérissement de la main-
d'œuvre, et qu'elles sont fort endettées. Au contraire,
les petits propriétaires au-dessous de dix hectares, ne
ressentent que très peu les effets de la crise, et ce sont
surtout leurs économies qui alimentent les caisses
d'épargne.

Les petites propriétés françaises ne peuvent-elles donner lieu à cette dernière observation? Malgré leur bonne apparence que ne veulent pas reconnaître les socialistes, seraient-elles minées sourdement par le fléau des charges hypothécaires qui les conduiraient lentement, mais sûrement, à la ruine? Ne seraient-elles vraiment, ainsi qu'on le prétend, que des propriétés de façade, purement nominales, dont le bénéfice tout entier irait aux créanciers et non pas à leurs détenteurs?

Nous n'essayerons pas de discuter le point de savoir si l'hypothèque est un bien pour le paysan, ou si elle est seulement une charge, ou à la fois un bien et une charge, selon l'avis de certains économistes. Il est hors de doute que beaucoup de dettes hypothécaires procèdent d'améliorations apportées à la terre; il en est aussi beaucoup d'autres qui sont la marque d'une situation embarrassée, et c'est plutôt sous ce jour que nous inclinerions à considérer l'ensemble de la dette rurale, bien qu'il soit assez difficile de trouver sur ce point des renseignements généraux très précis.

Mais où l'on rencontre encore plus de difficultés, c'est lorsqu'il s'agit de déterminer le chiffre même de la dette hypothécaire. Car beaucoup d'inscriptions ne se rapportent plus au montant des créances qu'elles semblent garantir et qui ont été remboursées en partie ou même complètement; on les a laissées cependant subsister par négligence ou pour éviter les frais qu'eût entraînés leur radiation. Il existe, en outre, beaucoup d'inscriptions qui font double emploi: ainsi l'inscription d'hypothèque conventionnelle prise à la suite de l'inscription d'office du contrat de vente. Et puis toutes les hypothèques ne sont pas soumises à la formalité de l'inscription: l'hypothèque légale de la femme mariée, celle des mineurs et interdits sont dans ce cas.

Malgré tout, M. Boutin, après de savants calculs, a cru pouvoir déclarer que notre dette hypothécaire s'élevait, en 1877, à la somme de 14 milliards et demi de francs environ (1).

Le degré d'exactitude de ce chiffre qui devrait subir en tout cas, aujourd'hui, une notable réduction, si l'on en juge par celui des droits d'enregistrement perçus sur les obligations hypothécaires, qui n'a cessé de diminuer depuis 1880, nous importe d'ailleurs assez peu. Il ne nous intéresserait vraiment, en effet, que si nous connaissions, non seulement l'importance relative des charges qui grèvent, d'une part, les maisons, de l'autre, les propriétés non bâties, mais encore, en ce qui concerne ces dernières, si nous possédions un tableau général des hypothèques afférentes aux grandes, moyennes, petites propriétés. Or, il n'existe aucun document de ce genre.

Et cependant, si une opinion était permise au milieu de cette imprécision, ce serait en faveur de la petite propriété que nous l'émettrions. On trouve relativement peu de petites propriétés hypothéquées au Crédit foncier ou chez le notaire. Le paysan y répugne ; il lui semble que son bien serait amoindri, qu'il n'en aurait plus l'entière disposition, et, devant un grand besoin d'argent, il aura plutôt recours à l'emprunt ordinaire. Il n'en est pas ainsi du grand propriétaire dont le domaine offre une solide garantie aux capitalistes en quête de placements et qui ne croira pas déchoir en l'hypothéquant pour l'améliorer, pour tenter l'essai de nouvelles méthodes souvent coûteuses, pour renouveler ou accroître son matériel d'exploitation. En outre, comme il souffre très vivement de la crise agricole, il a dû bien des fois se résigner à grever lourdement son bien, qui est souvent toute sa fortune. Combien de grands propriétaires qui n'ont pas voulu modifier leur façon de vivre, malgré la diminution de leurs revenus, ont emprunté imprudemment dans l'espoir de temps meilleurs !

(1) *Bulletin de l'Institut international de statistique*, tome VII, 2ᵉ livraison.

Pas plus que la science, la propriété paysanne ne semble proche de la faillite. Les paysans ne croient pas encore venue l'heure de l'agonie et ne s'aperçoivent pas de leur détresse croissante. S'ils ne vivent pas tous dans « l'abondance et dans la joie, chacun sous sa vigne et sous son figuier », ainsi que faisait le peuple de Juda et d'Israël, la plupart sont heureux de leur sort, et l'on distingue en eux tous les traits de leurs ancêtres : « Le bonheur rural, dont l'histoire nous présente le tableau dans les temps glorieux de l'Italie et de la Grèce, n'est pas non plus inconnu à notre siècle, écrivait Sismondi, vers 1840 (1). Partout où l'on retrouve des paysans propriétaires, on retrouve aussi cette aisance, cette sécurité, cette confiance dans l'avenir, cette indépendance qui assure en même temps le bonheur et la vertu. Le paysan qui, avec ses enfants, fait tout son ouvrage..., qui règle sa production sur sa consommation, qui mange son propre blé, boit son propre vin, se soucie peu de connaître les prix du marché ; car il a peu à vendre et peu à acheter et il n'est jamais ruiné par les révolutions du commerce. Loin de craindre pour l'avenir, il le voit s'embellir dans son espérance... Son petit patrimoine est une vraie caisse d'épargne, toujours prête à recevoir tous ses petits profits, à utiliser tous ses moments de loisir ».

Avant d'examiner si les chiffres au moins donnent raison aux socialistes, si les propriétaires paysans abandonnent vraiment le champ qui ne peut plus les nourrir, pour tomber dans le prolétariat rural, voyons quelle est la situation de celui-ci.

(1) *Étude sur l'économie politique,* tome I, p. 170.

CHAPITRE II

La situation des ouvriers agricoles n'est pas misérable.

Un prolétariat rural toujours plus misérable, constitue, aux dires des socialistes, un des traits caractéristiques de notre société et l'une des raisons fondamentales qui imposent sa disparition. Certains vont jusqu'à prétendre que la condition lamentable des ouvriers agricoles, sans dignité, sans indépendance, offre la plus grande analogie avec celle des travailleurs ruraux chez les Romains, des esclaves des ergastules, qui, s'ils ne possédaient, il est vrai, aucune de ces libertés théoriques dont jouissent les prolétaires d'à présent, étaient au moins assurés de certaines distributions périodiques de vivres et d'habits : du pain, du vinaigre, de la saumure et du vin, une paire de sabots chaque année, une tunique à manches tous les deux ans (1).

Sûrement, on exagère. Certes, nous ne prétendons pas que l'ouvrier rural jouisse, partout en France, d'une situation particulièrement favorisée et qu'il n'ait plus rien à gagner. Nous croyons fermement, au contraire, qu'on peut encore faire beaucoup pour lui et que propriétaires, syndicats, législateurs, ne sauraient lui porter trop d'intérêt.

Mais nous pensons aussi pouvoir affirmer qu'il refuserait de se reconnaître dans ces types sociaux du passé ; que sa position, prospérant sans cesse, s'est remarquablement améliorée depuis le début du siècle, surtout

(1) Hubert Langerock : *Le Socialisme agraire.* Paris, Giard et Brière, p. 245.

peut-être dans la période actuelle et que, tant au point
de vue matériel qu'au point de vue moral, elle est,
quoi qu'on en dise, souvent préférable à celle de l'ouvrier
urbain.

Jetons un coup d'œil sur les siècles qui ont précédé
le nôtre. En 1350, apparaît un tarif applicable à toutes
les provinces qui marque un progrès notable dans la
situation des ouvriers des campagnes. Voici quelques-
uns de ses articles (1) : manouvriers, 12 deniers par
jour; tailleurs de vignes, 18 deniers ou 2 sols 6 deniers,
selon la saison; vachers, 50 sols par an, pour garder
trente vaches; bergers, 70 sols. C'était d'ailleurs un
tarif maximum. L'ouvrier qui l'enfreignait s'exposait à
une amende de 60 sols; en cas de récidive, il était mis
au pilori et marqué de la fleur de lys.

Vers 1437, les vendangeuses ne reçoivent plus que
2 deniers; les vendangeurs, 8.

Dans le grand siècle d'Henri IV et de Louis XIV, la
détresse dans les campagnes est extrême. Rappelons la
peinture saisissante de La Bruyère : « L'on voit certains
animaux farouches, des mâles et des femelles, répandus
par la campagne, noirs, livides et tout brûlés de soleil,
attachés à la terre qu'ils fouillent et qu'ils remuent avec
une opiniâtreté invincible; ils ont comme une voix
articulée et quand ils se lèvent sur leurs pieds, ils
montrent une face humaine. Et, en effet, ils sont des
hommes. Ils se retirent la nuit dans des tanières, où ils
vivent de pain noir, d'eau et de racines ».

Le vendangeur, au xviie siècle, reçoit de 4 à 8 sols;
les valets de charrue, en Bourgogne, ont 50 livres par
an; les vachers, 20. Le prix de journée moyen, dans la
seconde partie du siècle, descend plus bas encore : 6 sols
pour les hommes, 3 pour les femmes. C'est le dernier
degré de la misère.

Au xviiie siècle, le taux des salaires se relève un peu.

(1) De Foville : *Économiste français*, 25 décembre 1875.

En 1744, le Parlement d'Aix homologue un tarif maximum de salaires : « Le paysan, y est-il dit, ne pourra exiger au delà de 14 sous la journée et 12 sous pour les mois de novembre, décembre, janvier et février, jusqu'au 15 ; les femmes travaillant aux cultures n'auront que 5 sous à 6 sous pour la cueillette des olives ; 8 sous pour les vendanges avec défense d'emporter des raisins ou des olives. La journée du moissonneur est réglée à 28 sous et, en le nourrissant, à 16 sous. La journée de femme servant aux moissons, 14 sous et, en la nourrissant, 8 sous. Les travailleurs partiront, pour se rendre à l'ouvrage, depuis le 21 février jusqu'au 20 mars, à 6 heures et ne le quitteront qu'à 5 heures et demie ; depuis le 21 mars jusqu'au 20 septembre, à 5 heures du matin et ne le quitteront qu'à 6 heures du soir ».

La condition des ouvriers agricoles était donc lamentable sous l'ancien régime ; et comme le pain était taxé à sept sous le kilogramme, à peu près le prix actuel, leur salaire ne suffisait pas à les faire vivre. Les ouvriers des villes se trouvaient alors beaucoup mieux partagés.

Avec la Révolution, se produit une hausse considérable des salaires agricoles, qui n'a jamais cessé de s'accentuer depuis. Toutes les statistiques sont unanimes à le constater. M. de Foville a dressé un tableau des prix de journée moyens de l'ouvrier agricole non nourri, depuis 1813 :

1813.	1f 05	1862.	1f 85
1840.	1 30	1872.	2 »
1852.	1 42	1882.	2 22

Ainsi, en moins de 70 ans, cette rémunération a plus que doublé. Si l'on jette les yeux sur des statistiques plus récentes, on voit que la hausse continue et ne semble pas devoir s'arrêter. La statistique de 1892 donne 1 fr. 75 pour l'hiver, et 3 francs pour l'été.

Mais ces chiffres nous paraissent encore bien au dessous de la réalité. Ils sont beaucoup plus élevés, en particulier dans le voisinage des grandes villes, et même dans nos départements de richesse moyenne, où l'ouvrier reçoit ordinairement 2 fr. 50 en hiver, 3 francs en été, souvent 4 francs pendant la moisson, et de 45 à 50 francs par mois lorsqu'il est nourri.

Certes, on ne peut qu'applaudir à cette marche ascendante. Mais ne peut-on s'étonner qu'elle se soit poursuivie, qu'elle se soit même précipitée dans ces vingt dernières années, si l'on songe au contraste singulier qu'elle forme avec un fait moins heureux, mais également manifeste : la réduction générale et croissante des profits culturaux.

On peut, sans exagération, taxer celle-ci à 30 %. Or, voici le mouvement des salaires pendant une partie de cette période, tel qu'il résulte de l'enquête agricole de 1892 :

	Hausse des gages de 1862 à 1892
Valets de ferme............................	28 %
Laboureurs-charretiers	36 %
Bouviers-bergers, etc......................	20 %
Servantes de ferme	33 %

Ce mouvement a continué depuis.

Les collectivistes affirment que le taux des salaires fléchit d'une façon continue, en même temps que s'accroît le revenu net, et qu'ainsi l'abîme qui sépare les patrons des ouvriers s'agrandit tous les jours. Cette augmentation progressive des salaires ruraux, qui se poursuit concurremment avec la baisse croissante des profits agricoles et des fermages, et paraît tendre à l'égalisation des conditions des exploiteurs et des exploités en élevant ceux-ci, en abaissant ceux-là, est digne d'attirer leur attention.

Quel déchet le renchérissement de la nourriture peut-il faire subir à ce relèvement des salaires ?

L'aliment fondamental des ouvriers campagnards, avec les légumes qu'ils produisent généralement eux-mêmes et dont le prix, d'ailleurs, ne varie pas, c'est le pain. Or, voici les prix moyens du blé depuis 1700 :

1700................., 18'85 | 1852.................,.... 19'45
1788.................. 16 » | 1872..................,,. 24 »
1813................. 21 '» | 1900................. 19 »

Malgré les tarifs protecteurs, le prix actuel du blé n'est donc pas plus élevé que celui de 1700.

Le prix de la viande a sensiblement augmenté, il est vrai. Mais, de même que beaucoup d'ouvriers agricoles cultivent un bout de champ qui leur donne des légumes ainsi qu'un peu de blé, la plupart, en vue de leurs besoins personnels et presque sans frais, élèvent quelques porcs, dont le sacrifice, d'ailleurs, est impatiemment attendu, car il s'accompagne toujours de traditionnelles réjouissances familiales. Et puis, le prix du sel, des vêtements, de beaucoup d'objets de ménage, a considérablement diminué. Voici un tableau des dépenses d'une famille paysanne, à diverses époques, dressé par M. de Foville (1) :

	DÉPENSES ACTUELLES	DÉPENSES CORRESPONDANT A UN RÉGIME IDENTIQUE	
		PRIX DE 1810	PRIX DE 1785
Nourriture..................	520f	400f	350f
Loyer et impôts...........	70	40	25
Feu et lumière..............	30	25	20
Habillement	80	140	150
Dépenses diverses..........	50	45	30
TOTAL.......	750	650	575

En admettant que le prix actuel de nourriture ne soit pas exagéré, on voit que l'augmentation des salaires agricoles excède largement celle des dépenses d'entretien.

On nous dira que le salaire des ouvriers de l'industrie s'est accru encore plus pendant la même période et qu'il a toujours été trois ou quatre fois plus considérable que celui des travailleurs ruraux. On nous présentera, par exemple, le tableau suivant, emprunté à M. de Foville (2) :

(1) *La France économique.*
(2) *La France économique,* p. 196 et 198.

ANNÉES	Maçons	Charpentiers	Menuisiers	Serruriers
1805....................	3f 25	3f »	3f 50	» »
1853....................	4 25	5 »	4 »	4f »
1866....................	5 25	6 »	4 50	5 »
1875....................	5 50	6 »	5 »	5 »
1880....................	7 50	7 85	7 »	6 50
1885....................	8 »	8 50	7 50	6 50

Et ces chiffres seraient largement dépassés de nos
jours. Mais d'abord, seraient-ils exacts, qu'ils ne prou-
veraient absolument rien contre l'amélioration du sort
des ouvriers agricoles. Mais ils ne le sont pas, car ils
proviennent de séries de prix plus ou moins officielles de
la ville de Paris, qui subissent dans la pratique de fortes
réductions. En tout cas, ce sont les prix qu'on donne aux
entrepreneurs ou aux sous-entrepreneurs de maçonne-
rie, de charpente, etc., pour les travaux non susceptibles d'être payés autrement qu'à la journée; il est probable qu' ceux-ci ne les versent pas sans retenue à leurs
ouvriers. Au surplus, ils sont particuliers à la ville de
Paris, où les conditions de la vie et l'habileté de la
main-d'œuvre exigent des salaires exceptionnels. Dans
les villes de province, ils se trouvent réduits dans de
grandes proportions. A la campagne, où cette réduction
atteint son maximum, ils deviennent sensiblement égaux
à ceux de l'agriculture, sauf pour les travaux qui exposent l'ouvrier à quelque danger ou qui nécessitent un
long apprentissage.

Il n'existe pas de différence plus grande entre le genre
de vie des ouvriers agricoles et celui des ouvriers urbains
qu'entre leurs rémunérations respectives. La condition
matérielle de ceux-là, comme celle de tous les paysans,
s'est complètement transformée depuis cinquante ans; et
il suffit d'avoir séjourné quelque temps à la campagne
pour s'apercevoir que le paysan ne traîne plus une existence misérable et ne subit pas toutes les privations. Il a
quitté sa chaumière d'autrefois, basse et enfumée, sans
air ni lumière, où la terre servait de plancher, pour une
maison saine et confortable, aux larges ouvertures, aux

chambres soigneusement carrelées et blanchies. Sa nourriture a complètement changé. Le seigle, le maïs, ont disparu de son pain, la viande et le vin manquent rarement à sa table (1). Les ancêtres se couvraient de vêtements et de linge grossiers; lui, s'habille maintenant
à la manière des gens de la ville. Sa femme et ses filles
ont à cœur de se plier aux exigences de la mode; elles
portent des robes compliquées, aux couleurs éclatantes,
des chapeaux couverts de plumes et de fleurs. « Si La
Bruyère pouvait revenir dans les campagnes, disait
déjà Paul-Louis Courier, il y verrait non seulement des
faces humaines, mais des visages de femmes et de filles
plus belles que celles de sa Cour tant vantée. Il les
verrait, le soir, se retirer, non dans des tanières, mais
dans leurs maisons proprement bâties et meublées.
Cherchant alors les animaux dont il a fait la descrip-
tion, il ne les trouverait nulle part et, sans doute, bé-
nirait la cause d'un si heureux changement ».

Si l'ouvrier agricole n'a pas à envier la condition
matérielle de son camarade des villes, sa condition
morale est très supérieure à celle de celui-ci. Bien loin
que sa situation soit « la plus assujettissante et la plus
terrible, qu'il languisse à la merci d'un maître impi-
toyable » (2), il fait, pour ainsi dire, partie de la famille
de son patron, qui voit en lui un compagnon de travail
plutôt qu'un salarié. D'ordinaire, peu de distance les
sépare, ils ont la même façon de vivre. Lorsqu'il est
nourri à la ferme, loin qu'il n'ait « de la viande que les
os, du beurre que le petit lait, de la volaille que la
plume » et qu'il ne « boive que de l'eau au sortir de la
vigne qu'il vient de féconder », il s'asseoit ordinairement à la table du maître et partage sa nourriture.

---

(1) La consommation de la viande qui fléchit dans les villes depuis 1882,
n'a jamais cessé d'augmenter à la campagne, ainsi qu'en témoignent les
statistiques. Et chacun sait que les frais d'alimentation, sans cesse crois-
sants, des ouvriers entretenus à la ferme tiennent une large place dans les
doléances des exploitants.
(2) M. Jaurès : J. O., Ch. des Dép., déb. parl., 1897, p. 1590.

Ainsi les relations très étroites qui s'établissent entre eux, relations familiales empreintes de douceur et de bienveillance du côté du maître, de confiance et de sûreté de part et d'autre, relèvent sa condition morale, sa dignité, assurent son indépendance.

C'est pourquoi les cahiers de doléances du peuple des campagnes manquent de réalité. Les ouvriers agricoles, comme les petits cultivateurs, sont satisfaits de leur sort, et bien qu'ils aient conscience de leurs droits, ils n'aspirent pas à le voir révolutionner par un bouleversement économique. L'exploitation capitaliste ne les a pas encore mûris pour le collectivisme.

CHAPITRE III

La petite propriété, loin de disparaître, s'étend, Le nombre des petits propriétaires augmente et celui des ouvriers agricoles diminue.

Les collectivistes déclarent que les nécessités mêmes de l'évolution économique font chaque jour plus misérable la condition des petits propriétaires et celle des ouvriers agricoles. Nous avons vu que les faits leur donnaient tort.

Ils prétendent aussi que ce prolétariat rural, fruit du développement capitaliste, s'étend sans cesse, que les petits propriétaires, peu à peu dépossédés par les grands capitalistes fonciers, vont grossir de plus en plus ses rangs, et que la petite propriété rurale n'est plus qu'une légende.

Ils n'ont pas plus raison. Des statistiques les mieux établies, des documents officiels, il ressort nettement que la propriété foncière n'est pas entraînée par ce mouvement de concentration qui anime la propriété industrielle ; la place occupée par la petite propriété s'accroît, au contraire, tous les jours, et le nombre des petits propriétaires augmente sans cesse aux dépens de celui des grands propriétaires et de celui des ouvriers agricoles.

Les statistiques des cotes foncières publiées par le Ministère des finances révèlent que le nombre des propriétaires ruraux n'a cessé de croître depuis le début du siècle jusqu'à nos jours. L'enquête agricole de 1892 nous apprend que le nombre des exploitations, qui était de 5.672.000 en 1882, s'élève à 5.702.000 en 1892, dont

4.852.953 appartiennent à la petite propriété ne dépassant pas 10 hectares. C'est d'ailleurs celle-ci qui bénéficie seule de cette augmentation et dans une bien plus grande proportion d'ailleurs, car les propriétés supérieures à 40 hectares, et celles de 10 à 40, perdent du terrain.

Le nombre des propriétaires cultivant exclusivement leurs terres, qui était de 1.182.573 en 1862, de 2.150.696 en 1882, passe, en 1892, au chiffre de 2.183.129. Le nombre des fermiers, des métayers, des journaliers et des domestiques surtout, diminue depuis 1862. Il est permis de penser que cet affaissement provient en partie de fermiers et d'ouvriers agricoles qui étaient ou non petits propriétaires en même temps et qui sont devenus uniquement propriétaires (1).

Aussi l'évolution en agriculture marche bien à l'encontre des prévisions socialistes; le salariat, loin de se développer, décroît, et comme le faisait très justement remarquer M. Méline, à la tribune de la Chambre des Députés (2), la propriété, loin de devenir de plus en plus capitaliste, va de plus en plus à ceux qui l'exploitent, tend, en un mot, à se démocratiser sans cesse davantage (3).

(1) « Parmi les 7.000.000 de propriétaires ruraux, disait M. Jaurès à la séance de la Chambre des Députés du 23 novembre 1893, 1.500.000 à peine travaillent une terre leur appartenant. » Si le premier chiffre est très inférieur à la réalité actuelle, le second l'est encore plus, car si l'on réunit les propriétaires cultivant exclusivement leurs terres et ceux qui travaillent pour autrui en même temps qu'ils exploitent leur bien (soit 2.183.129 + 1.188.025) on obtient le chiffre de 3.371.154.

(2) Réponse à l'interpellation de M. Jaurès sur la crise agricole (J. O., déb. parl., Ch. des Dép., 1897).

(3) Le recensement professionnel du 29 mars 1896 ne fournit pas d'indications très précises à ce point de vue. Parmi les chiffres qu'il contient, beaucoup sont d'ailleurs tout différents de ceux de l'enquête de 1892. Ce manque absolu de concordance, qui ne peut être réel, puisque ces deux statistiques ont été faites à des époques très voisines, provient de ce qu'on n'a pas procédé, dans les deux cas, suivant les mêmes règles (ainsi le recensement ne classe pas les journaliers propriétaires parmi les chefs d'exploitation) ou que les renseignements ont été recueillis à des époques différentes (le recensement donne un chiffre de population agricole beaucoup plus élevé que celui de l'enquête, sans doute parce qu'il a été fait à l'époque exceptionnelle de la pleine saison).

Quelle place les différentes catégories de propriété occupent-elles actuellement en France ?

Ce qu'il est intéressant de connaître, c'est la proportion de terres cultivées afférant à chacune d'elles. Or, le territoire de notre pays se compose de 52.857.000 hectares. Si l'on distrait de ce chiffre les constructions et les cours qui faussent les évaluations des statistiques, puis la superficie occupée par les lacs, étangs, canaux, rivières, dunes, routes, les domaines de l'État, des départements, des communes, des établissements publics, soit environ 10 millions d'hectares, il reste 42.917.000 hectares pour la propriété privée ayant une valeur agricole qui se répartissent ainsi :

14.706.000 aux propriétés de   0 à 10 hectares.
19.818.000   —   de 10 à 100 —
 8.393.000   .   —   supérieures à 100 hectares.

Si nous retranchons maintenant les terrains incultes (landes, bruyères, marais) et les bois particuliers, soit 9.141.000 hectares, nous obtenons les chiffres suivants :

14.400.000 hectares pour les propriétés de   0 à 10 hectares.
14.581.000   —   —   de 10 à 100 —
 4.795.000   —   —   supérieures à 100 hectares.

La place occupée par la petite propriété est donc extrêmement importante (1). Loin de diminuer, elle n'a cessé de s'accroître et son mouvement d'extension ne semble pas devoir prendre fin.

Est-ce là ce lambeau de propriété, ce haillon, dont parlent les socialistes (2) ?

Au surplus, à défaut de chiffres, l'observation journalière ne suffirait-elle pas à mettre en doute cette prétendue concentration de la propriété foncière ?

La crise agricole, surtout sensible pour les grandes

(1) Voy. discours de M. Le Trésor de la Rocque, président de l'Union centrale des syndicats des agriculteurs de France, au 3ᵉ congrès des syndicats agricoles de France, tenu à Orléans en mai 1897.
(2) Il nous a paru inutile d'accumuler les chiffres, en vue d'apporter la preuve de la non-concentration de la propriété terrienne, qui est faite depuis longtemps; on les a cités partout et avec abondance.

propriétés, le loyer des terres, chaque jour plus difficile
et plus réduit, font que le grand capital montre de moins
en moins de goût pour les immeubles ruraux, et se re-
porte sur les valeurs mobilières. En même temps que
les grands propriétaires essayent de se débarrasser de
leurs terres, les grands domaines ne trouvent plus d'ac-
quéreurs. Pour réussir à les vendre, on est obligé de les
fractionner en un certain nombre de petits lots; c'est la
manière ordinaire des marchands de biens. Alors les
petits cultivateurs achètent, souvent à un prix élevé,
grâce à la concurrence qui s'établit entre eux. La terre
du général Montcornet, finalement taillée en pièces par
les hommes que Balzac poste à l'affût autour d'elle,
nous offre une image assez exacte, avec la malhonnêteté
en plus, de ce qui se passe souvent à la campagne. Pas
de grande propriété dont les petits paysans ne convoi-
tent un morceau; pas de vente où leur passion de la
terre ne leur désigne un avantageux emploi de leurs
économies. En sorte que la crainte de l'accaparement du
sol par les classes riches paraît absolument chimérique,
et que si une catégorie de propriétés semble menacée de
disparition, c'est plutôt celle des grandes au bénéfice des
autres (1).

Vandervelde qualifie quelque part « de vieux fer » la
loi d'airain des salaires. Liebknecht estime aussi que
c'est « une arme rouillée qu'il faut mettre au rebut. » A
leur exemple, la généralité des socialistes lui tournent
maintenant le dos. Ce fut elle, cependant, parmi les découvertes marxistes, qui recueillit peut-être autrefois la

(1) Certains économistes soutiennent que le mouvement de mobilisation
croissante du sol, qui se produit dans certains pays et semble devoir se
généraliser, favorisera cet accaparement. La propriété foncière, transformée
en véritables valeurs de bourse, suivrait le sort de tous les capitaux mobiliers : elle se concentrerait entre les mains des grands financiers. Mais
d'abord, cette prétendue concentration des valeurs mobilières est démentie
par les faits. Et puis, en réalité, cette mobilisation, dans les pays où elle progresse, comme l'Allemagne et l'Australie, en donnant une nouvelle force d
crédit à la classe laborieuse des campagnes, précipite la diffusion du sol au
lieu de l'entraver.

plus large part d'admiration. Il ne convient pas de faire un sort différent à cette loi de la concentration capitaliste et de lui accorder plus que cette politesse respectueuse dont on fait communément preuve à l'égard des choses du passé; elle semble digne d'occuper une place au musée des antiques ferrailles où Vandervelde a rangé sa compagne.

Aussi bien, est-ce maintenant l'avis de certains socialistes de marque. Bernstein qui, pour ne pas accorder une foi aveugle aux affirmations marxistes, pour avoir osé élever la voix contre elles et s'être ainsi maintes fois attiré les reproches véhéments de ses amis, n'en est pas moins un des chefs les plus écoutés du parti socialiste allemand, reconnaît que ce dogme de la concentration manque absolument de fondement (1). Il montre qu'en Allemagne, en Hollande, en Belgique, en France surtout, on assiste à une décentralisation ininterrompue de la propriété terrienne, et que la petite propriété ne cesse de s'étendre aux dépens de la grande.

Selon lui, si le socialisme ne doit prendre vie qu'au moment où la plus grande partie des richesses aura été absorbée par quelques « mammouths capitalistes », il n'a plus « qu'à aller se coucher ».

Bien plus, Kautsky, un des personnages les plus importants et les plus intransigeants de la gauche collectiviste allemande, qui emploie tous ses efforts à conjurer la crise du marxisme, abandonne aussi cette thèse chancelante (2). Son habileté et son originalité viennent de ce qu'il a compris qu'il fallait renoncer à soutenir sérieusement la réalité de la concentration de la terre, et qu'il ne s'en est pas moins efforcé de prouver que le collectivisme agraire dérivait logiquement de la doctrine de Marx.

L'évolution, selon Marx, dirige vers un collectivisme universel et inéluctable toutes les branches de l'activité

(1) Bernstein : *Socialisme théorique et Socialdémocratie pratique*.
(2) *La question agraire*, étude des tendances de l'agriculture moderne, 1897 (trad. par Edg. Milhaud et Polack. Giard et Brière, Paris, 1900).

économique. Elle se manifeste le plus ordinairement
sous la forme d'une concentration croissante des moyens
de production et ce processus agit pour le plus grand
avantage de la production. Cependant, la propriété terrienne n'y semble pas soumise. S'il s'adapte merveilleusement à l'industrie, il n'intervient ici que très irrégu-
lièrement. L'agriculture se développe selon des lois particulières. On distingue peut-être à un pôle une tendance
à la prolétarisation, mais à l'autre, il se produit une
oscillation constante entre les progrès de la petite et
de la grande exploitation, et Kautsky qui croit ainsi
sauvegarder l'autorité de la doctrine marxiste, nous
apprend que, bien avant tout le monde, le Maître avait
distingué ce mouvement alternant de concentration et
de désagrégation qui anime la propriété foncière. « Bien
qu'en France, dit Marx quelque part, le retour du morcellement à la concentration ait déjà commencé, en
Angleterre, la grande propriété foncière retourne à pas
de géant à son émiettement antérieur, et montre ainsi,
d'une façon indiscutable, que l'agriculture doit passer
indéfiniment de la concentration à l'émiettement et
inversement, tant que subsistera l'organisation de la
société bourgeoise ».

Kautsky reconnaît d'ailleurs que la supériorité économique de la grande exploitation, indiscutable dans
l'industrie, ne se manifeste pas nettement dans l'agriculture. L'extension de toute exploitation industrielle
représente en même temps une concentration des forces
productives avec tous les avantages qui lui sont propres :
économie de temps, de frais, de matériel, surveillance
plus facile, etc. En agriculture, au contraire, chaque
augmentation de l'exploitation revient à un accroissement d'étendue, par suite produit une plus grande perte
de matériel, une plus grande dépense de force, de
moyens et de temps pour transporter le matériel et les
ouvriers, une surveillance plus difficile. Et puis, la
petite culture qui n'a pas besoin d'être dirigée par des

agronomes aux prétentions dispendieuses et exagérées, possède des ouvriers infatigables qui travaillent avec ardeur tôt et tard, parce qu'ils ont la conscience de travailler pour eux-mêmes.

Ainsi, les petites exploitations culturales, dont la capacité productive n'est pas manifestement inférieure à celle des grandes, et qui ne semblent pas devoir disparaître devant celles-ci, échappent au processus ordinaire de la socialisation. Que faire alors ? Est-ce que l'idéal communiste, qui a pour fondement la grande exploitation, et du même coup le programme qui en résulte, devront subir une transformation de principes devant les paysans? Devons-nous être démocrates, c'est-à-dire envelopper dans notre mouvement ces existences, dont le fondement est la petite exploitation, et modifier ensuite notre programme en renonçant au but communiste, ou bien devons-nous rester prolétariens, garder les yeux fixés sur l'idéal et le but communiste et exclure ainsi ces éléments de notre mouvement ?

Notre idéal ne subira aucune transformation, car si l'agriculture, envisagée sous cet aspect, semble résister à la socialisation, si elle ne produit pas par elle-même les éléments dont elle a besoin pour y parvenir, elle y est fatalement conduite par une autre voie. Aussi bien l'évolution, grande ouvrière de la nouvelle société, ne dispose pas que d'un procédé, la concentration; l'agriculture s'y montre réfractaire, mais ce n'est pas sa seule ressource, pas plus que ce n'est l'unique affirmation de la théorie marxiste. Un autre moyen lui est appliqué : c'est l'introduction du capital dans son domaine, qui la révolutionne et nécessite pour elle de nouvelles formes de production. L'industrie le suit et bientôt la subjugue. L'un et l'autre la soumettent sans cesse davantage à leur influence, lui font perdre peu à peu son indépendance d'autrefois et, la pénétrant de plus en plus, l'entraînent avec eux, lui servent de moteurs dans la voie du socialisme.

Au moyen-âge, la famille paysanne formait une société économique fermée, se suffisant à elle-même. Le paysan était autonome. Outre l'exploitation de son champ, il s'adonnait à une petite industrie rurale pour subvenir à ses besoins. Mais la division du travail vient bientôt jeter un trouble profond dans cette situation. L'industrie capitaliste, qui se développe avec les moyens de communication, élimine peu à peu et complètement la petite industrie domestique du paysan qui ne peut d'ailleurs plus satisfaire à ses besoins nouveaux. Dès lors, il lui faut de l'argent pour acheter à la ville ces objets qu'il ne fabrique plus. La transformation en prestations en espèces des prestations en nature qu'il payait jusque-là au seigneur, accroît encore ce besoin. Désormais, il est obligé de produire surtout pour la vente, il devient commerçant. Autrefois, il ne dépendait que de la saison; cette belle indépendance a disparu. Il est maintenant à la merci du marché.

Devenu producteur de marchandises, il est obligé de suivre tous les progrès techniques, d'employer toutes les nouvelles méthodes, les machines perfectionnées, les engrais coûteux. Ainsi, il se produit une prise de possession de plus en plus complète de l'agriculture par l'industrie. Le paysan devient tributaire de celle-ci et sa dépendance s'accroît tous les jours avec le développement considérable des industries agricoles : distilleries, sucreries, beurreries, brasseries, moulins, qui font de lui un véritable travailleur industriel.

Le capitaliste, d'ailleurs, a mis la main sur lui en même temps que l'industriel.

Mais si l'industrie lui a fait perdre son autonomie et son bonheur d'autrefois, elle va bientôt réparer le mal qu'elle a causé. Le mode de production moderne est retourné à son point de départ : l'union de l'agriculture et de l'industrie. « Mais si, dans l'exploitation paysanne, primitive, l'agriculture était l'élément décisif et directeur, ce rapport s'est actuellement renversé. C'est la grande industrie capitaliste qui règne et l'agriculture doit suivre ses ordres. La direction de l'évolution industrielle sert de règle à l'évolution agricole. La première est-elle tournée vers le socialisme, la seconde doit se tourner aussi vers lui ». C'est la population révolutionnaire des villes qui sortira les populations agricoles de l'impasse où elles sont engagées et leur ouvrira la voie de leur développement ultérieur. « Le prolétariat industriel ne peut s'affranchir lui-même sans affranchir en même temps la population agricole. La société humaine est un organisme, elle a donc une organisation unitaire et ne peut se développer qu'en un seul sens. Mais il n'est pas nécessaire que chaque partie de l'organisme tire de soi-même la force motrice nécessaire à son évolution, il suffit qu'une portion de l'organisme produise les forces nécessaires pour la collectivité ».

L'intérêt de la société, qui ne peut se développer en dehors de l'harmonie, est attaché à cette évolution. « Personne ne pourrait prononcer, pour la société moderne, un pronostic plus malheureux que ces économistes bourgeois qui proclament d'un ton de triomphe : le chemin de l'industrie peut conduire au socialisme ; le chemin de l'agriculture mène à l'individualisme. Si cela était vrai, si l'agriculture se montrait assez forte pour se défendre du socialisme, sans pouvoir cependant imposer l'individualisme à l'industrie, cela ne serait pas le salut, mais la ruine de la société, la guerre civile en permanence. Par bonheur pour la société humaine, cette dernière ancre de salut de l'exploitation capitaliste ne trouve pas de sol auquel elle puisse se fixer (1) ».

(1) Devant l'évidence des faits, les socialistes français, eux-mêmes, après avoir longtemps bataillé à coups de statistique, cette arme si remarquablement souple, semblent actuellement de plus en plus déterminés à suivre Kautsky. Ils n'insistent plus outre mesure sur la réalité de la concentration terrienne. Ils n'osent plus affirmer que l'absorption de la petite propriété foncière par la grande n'est plus douteuse. Ce dogme passe à l'état d'antique aphorisme qui n'est plus soutenu qu'en toute timidité et par habitude mentale. Quelques-uns avouent très franchement qu'ils se sont trompés, que cette

Les efforts déployés par Kautsky, en vue de découvrir une arme de socialisation agraire pour la substituer à celle de la concentration qui lui échappait, sont intéressants. Mais que le processus industriel conduise ou non vers le socialisme, il est inexact, en tous cas, que l'agriculture française soit tombée en tutelle, sous l'étroite dépendance du capitalisme industriel; qu'elle ne soit plus désormais qu'une annexe de l'industrie et que, servante soumise, elle doive obéir à ses lois et se laisser entraîner dans son courant. Évidemment, les conditions de la production agricole se sont modifiées; elles ne sont plus, par bonheur, ce qu'elles étaient au moyen-âge, ni même il y a un siècle. Mais l'agriculture, comme l'industrie, a conservé son indépendance et continue à se développer suivant ses règles propres.

Rien ne fait donc présager que notre régime agraire actuel contienne des germes de mort et, qu'ayant victorieusement résisté à la concentration, il doive succomber sous les coups hypothétiques de l'industrialisation,

pierre angulaire de l'édifice collectiviste a besoin d'être remplacée, et ils cherchent autre part le moteur du collectivisme agricole.

QUATRIÈME PARTIE

INSUCCÈS DE LA PROPAGANDE SOCIALISTE
DANS LES CAMPAGNES

———

Les socialistes de tous les pays font, depuis quelque temps, une active propagande dans les campagnes.

Ce sont les nationalistes anglais qui ont débuté, il y a une vingtaine d'années, et leur action, très vive dès le début, ne s'est pas encore ralentie. Les conférenciers chargés d'inculquer aux ouvriers agricoles les principes de la réforme agraire, sont véhiculés dans de somptueuses roulottes jaunes ou rouges, au milieu d'un amoncellement de brochures, de caricatures, d'extraits de la Bible, dont ils font une ample distribution aux paysans. Leur succès est très vif. Ils ont la bonne fortune, paraît-il, de trouver un appui très solide sur un grand nombre de clergymen catholiques et anglicans.

Ce secours particulier fait complètement défaut aux propagandistes français; ils ne le sollicitent d'ailleurs pas. Mais, pour être privés de cet avantage, et bien qu'ils ne procèdent pas avec cette pompe tout anglaise, ils n'en mènent pas moins activement la campagne dans les milieux ruraux. Celle-ci s'exerce à grands renforts de brochures rédigées en style familier. C'est le « Catéchisme socialiste du paysan »; ce sont de multiples lettres adressées aux paysans, aux femmes, aux ouvriers agricoles. Elles leur apprennent que leur situation est déplorable et celle des grands propriétaires voisins, qui les méprisent et les ruinent, singulièrement plus envia-

ble ; ils ne remédieront à leurs maux qu'en tendant unè
main confiante aux socialistes, dont ils « accueilleront
toute la doctrine du premier coup, s'ils veulent seule-
meit prendre la peine d'examiner une à une les réformes
qu'ils proposent (1). » C'est la « Vérité aux paysans », où
l'on explique au père Vincent que la révolution lui a
simplement escroqué sa propriété et que le capitalisme
l'écrase peu à peu. Il doit se défler de ces faux protecteurs,
grands propriétaires qui demandent des réformes pour
lui, afin de le ruiner plus facilement ; il doit se persuader
que les socialistes ne sont pas « des partageux, des gens
à longs cheveux et à barbes broussailleuses, désireux
de tout prendre afin de se mieux gorger (2), » mais, au
contraire, ses véritables amis. Ce sont des conversations
où Pierre, qui a quitté les champs pour aller se débrouiller
à la ville, fait comprendre à Jacques que seuls les socialistes peuvent le tirer de sa misère.

La propagande est organisée dans les Congrès. Celui
de Roubaix, en 1893, recommande la distribution, dans
les campagnes, de journaux socialistes et de brochures
rédigées en patois du pays, ainsi que la création, dans
chaque commune, d'un comité dit de presse, chargé de
répandre brochures et journaux et de faire des conférences.

Il faut reconnaître que si la théorie agraire du parti
socialiste français ne revêt pas une absolue conformité
avec ses principes fondamentaux, les conférenciers campagnards, comme les brochures qu'ils distribuent, s'en
éloignent encore plus, et modifient, en outre, très aisément la nuance de leurs idées, selon qu'ils s'adressent à
un public de petits paysans, de fermiers ou d'ouvriers
agricoles. Une partie de leurs discours jouit pourtant
d'une assez grande fixité : c'est celle qui souligne les
méfaits des grands propriétaires.

(1) Georges Renard : *Lettre aux paysans.*
(2) Compère-Morel : *La vérité aux paysans.*

Au Congrès national de Limoges, en 1895, M. Allemane, insistant sur la difficulté qu'on éprouve à convertir le paysan, avoue qu'il a dû lui-même employer de petits moyens qu'il a la franchise d'appeler « un peu canailles. » Selon lui, il serait bon de réunir les groupes agricoles. un jour dans l'année, en une petite « parlotte,» et d'y envoyer quelques camarades de la ville, chargés de « dérouiller ces bons paysans. »

Mais il paraît que ces camarades ne réussissent pas, car ils n'ont qu'une connaissance très incomplète des choses de la campagne. Les chefs du parti le constatent avec tristesse et leur recommandent de s'initier rapidement à tout ce qui peut vraiment intéresser le paysan : « Parler au paysan, frapper et retenir son imagination, certes, la chose n'est pas aisée, lorsqu'il s'agit surtout, brisant bien des préjugés et redressant bien des erreurs, de dire ce que la société entend faire de son champ, chair de sa chair. Pour réussir à cette besogne, il faut, je crois, être paysan soi-même, tenir de tout près encore à la terre et devenir conscient des causes de sa misère (1) ».

Si les ruraux, en effet, « ces êtres mystérieux, étranges, parfois même très inquiétants », selon Kautsky (2), ne se sentent généralement pas attirés vers les réunions publiques, s'ils se montrent insensibles aux séductions de l'art oratoire, et n'apprécient pas la longueur ni la violence dans le discours, ils manifestent ces tendances encore plus volontiers quand l'orateur n'est pas de leur pays ni familiarisé avec leurs travaux.

Lorsque, avec cela, cet orateur se dit socialiste, il possède les plus grandes chances, non-seulement de ne pas être écouté favorablement, mais encore de ne pouvoir réunir autour de lui le moindre auditoire. Le paysan, dont le bon sens ne saisit pas très bien com-

(1) *La Petite République*, 15 août 1895.
(2) *La question agraire* (Introduction).

ment pourrait fonctionner cette société merveilleuse qu'il lui dépeint, le considère volontiers comme un illuminé, et quelle que soit la sincérité des promesses qui lui sont faites, il continue à voir en lui le partageux qu'on lui dénonçait autrefois. Or, il a le fanatisme de sa propriété. Il a aussi celui de sa liberté. L'un et l'autre d'ailleurs sont étroitement liés, car pour lui, l'image de la liberté, c'est un homme travaillant comme il l'entend, dans un champ qui est à lui. Très jaloux de son indépendance, il est, par cela même, extrêmement individualiste, âprement libéral. La pensée du laboureur enregimenté le révolte, elle heurte ses tendances, ses allures naturelles et traditionnelles, ses instincts profonds.

C'est en vain aussi qu'on essaye de liguer le paysan et le fermier contre les grands propriétaires. L'un et l'autre comprennent très bien que les intérêts de ceux-ci sont liés aux leurs, et ils savent parfaitement que la situation de ces soi-disant capitalistes, égoïstes et jouisseurs, n'est pas aussi brillante qu'on le dit.

Les ouvriers agricoles eux-mêmes, dont la conversion aurait pu sembler facile, loin de se laisser enflammer comme l'ouvrier des villes par l'enseignement socialiste, s'y montrent au contraire absolument rebelles.

La plupart d'entre eux, d'abord, possèdent un champ ou escomptent l'acquisition de quelque parcelle; beaucoup aussi sont fils de paysans et partagent la défiance de celui-ci. « Les ouvriers agricoles, dit M. Jaurès, ne fourniront pas au socialisme en France, le même point d'appui qu'en Angleterre, où l'immense majorité de la population agricole ne possède pas la moindre parcelle du sol..... Les ouvriers y sont directement en lutte, ou avec les grands propriétaires, ou avec les grands fermiers. Ils ne tiennent à la terre par aucune racine, ni par la propriété, ni par le domicile (1) ».

Et puis l'isolement, conséquence de la petite produc-

(1) J. O., Ch. des Dép., déb. parl., 1897, p. 1587.

tion agricole, dans lequel vit ordinairement l'ouvrier
rural en France, l'éloigne encore du socialisme. Il travaille seul ou bien à côté du maître, et s'il se rencontre
quelquefois avec des camarades, ce n'est généralement
pas pour échanger des phrases sentencieuses sur l'exploitation patronale. Les ouvriers agricoles anglais, au
contraire, « sont habitués à travailler en commun sur
de vastes domaines, munis par la puissance capitaliste
des grands propriétaires de l'outillage le plus perfectionné; et cette habitude les prépare peu à peu à l'idée
de l'organisation socialiste (1) ».

Surtout, dans notre pays particulièrement, la production agricole ne présente pas de classes nettement séparées. La limite qui sépare le patron de l'ouvrier n'est pas
apparente comme dans l'industrie. Les classes y débor-
dent l'une sur l'autre, s'emboîtent, pour ainsi dire,
l'une dans l'autre; les rapports entre elles changent
à chaque instant, suivant les saisons, par exemple; tel
paysan, aujourd'hui salarié, sera patron dans un mois.
Les relations qui s'établissent entre elles n'ont pas leur
caractère accoutumé: ce sont des relations de camarades
à camarades, plutôt que de patrons à ouvriers. Le capital et le travail y sont si intimement unis, les intérêts y
sont si étroitements soudés, que tout antagonisme est
impossible.

Aussi les socialistes se plaignent-ils amèrement que le
prolétaire des campagnes n'arrive pas à prendre conscience de ses besoins et de ses devoirs de classe: « Lors
même que nous avons pu lui exposer notre doctrine
dans une réunion, nous sommes loin de l'avoir amené à
nous. Il ne se fait pas de la dualité des classes une idée
aussi nette que s'en fait le travailleur des villes, et la
lutte des classes ne lui apparaît pas aussitôt comme le
principe nécessaire de sa conduite. Et cela, principalement, parce que quand nous lui parlons du capital fon-

(1) J. O., Ch. des Dép., déb. parl., 1897, p. 1587.

cier qui exploite et pressure, il ne voit que son patron, le petit fermier ou le petit métayer qu'il sait aussi pressuré, aussi exploité que lui-même et dont il connaît la position critique. Qu'on ne lui en veuille pas de ne pas saisir nos démonstrations sur-le-champ; son ignorance des formes économiques de son propre milieu, des formes subtiles sous lesquelles se dissimule la propriété foncière, ne lui permet pas de voir au-delà de celui qui l'occupe et le contraint à identifier le capital terrien avec celui qui le fait valoir, fût-il fermier ou métayer. Or, les relations qui existent entre ces derniers et leurs ouvriers sont des plus intimes et semblent donner à nos assertions incomprises un démenti formel. Le petit fermier sous-loue souvent un lopin de terre à son ouvrier, le lui laboure, le lui sème; il lui charrie ses récoltes, son fumier, son bois de chauffage ou ses tourbes, et ces opérations, intervertissant les rôles, font du maître un salarié et du salarié un maître. Pendant toute l'année ils travaillent ensemble, mangent à la même table, se tutoient. Le dimanche, ils font entre eux leur partie de cartes. Si bien que, finalement, nous comprenant mal, croyant que nous lui désignons son patron, dont il se considère presque l'égal, comme l'ennemi à combattre, le prolétaire agricole se refuse à nous suivre » (1).

Voilà, très exactement exposées, quelques-unes des causes qui entravent les progrès du socialisme à la campagne. C'est ainsi que celui-ci n'a pu se développer dans les villes, tant qu'a duré le règne de la petite industrie, avec la collaboration du patron travaillant lui-même à côté de ses ouvriers et apprentis dont il partageait le genre de vie, la façon de sentir et de penser.

En Belgique, où la propriété foncière offre le même aspect, la même division qu'en France, la propagande collectiviste agraire s'y heurte aux mêmes difficultés. M. Vandervelde en donne quelques raisons (2) : les

(1) *Le Socialiste*, 21 février 1901.
(2) Conférence à l'hôtel des Sociétés savantes, à Paris, organisée par le

ouvriers ne s'y sentent pas les coudes, les fermiers ne
forment pas de ligues pour l'abaissement des fermages ;
les petits propriétaires restent obstinément attachés à
« leur propriété fantôme ou plutôt à leur propriété
vampire », tous ont une méfiance invétérée contre ce
qui vient de la ville.

Partout, on répand la calomnie contre le parti. « A
quelque temps des élections dernières, tel curé de campagne s'en allait chez un de ses paroissiens, armé de son
parapluie et traçait des lignes dans le champ pour montrer ce qu'on lui prendrait et ce qu'on lui laisserait.
Quantité de bonnes gens s'imaginaient que ceux qui
avaient deux vaches seraient contraints d'en donner
une..... Il est vrai que l'exagération de ces attaques est
plutôt un avantage pour nous : les paysans, en effet, ne
tardent pas à s'apercevoir que les socialistes n'ont pas
le pied fourchu, qu'ils ne couchent pas avec douze
femmes à la fois, comme Jean de Leyde, et que leurs
expéditions de propagande n'ont pas pour but d'opérer
des razzias de bestiaux ». Néanmoins, la calomnie porte
toujours quelques fruits.

Les défauts inhérents à l'esprit même du paysan multiplient encore les obstacles qui s'opposent aux progrès
du parti. Le rural a l'horreur de tout ce qui est nouveau,
de tout ce qui est perfectionnement, même agricole.
Et M. Vandervelde cite avec amertume le triste cas d'un
cultivateur qui eut un jour l'idée de substituer à la
fourche à trois dents, lourde et incommode, seule uti-
lisée jusque-là, une fourche à quatre dents, de fabrication anglaise, beaucoup plus maniable. Ses camarades
s'assemblèrent autour de lui ; on délibéra ; puis, après
avoir regardé d'un mauvais œil la fourche à quatre
dents, on décida d'en repousser l'usage, pour cette
raison que celle qui n'en avait que trois donnait déjà
assez de peine.

groupe des études collectivistes, sous la présidence de M. Jaurès, le 14 décembre 1896.

Avec cet état d'esprit, il n'est pas étonnant que les paysans ne veuillent pas comprendre les collectivistes : « Non seulement, ils votent contre nous, mais ils accueillent nos amis à coups de bâtons et leur lancent des navets à la tête. Ils s'obstinent à suivre les conseils de leur curé ; nous aurons beaucoup de peine à les convaincre ».

D'ailleurs, continue M. Vandervelde, le parti manque de propagandistes à la campagne. Ceux qu'il a ne sont pas des campagnards, ne connaissent pas bien les choses campagnardes et s'exposent souvent à commettre des erreurs très lourdes qui agissent défavorablement sur l'esprit du paysan ; tel, cet orateur bruxellois qui adressait un jour des reproches véhéments au ministre pour avoir mis des droits d'entrée sur « la margarine, cette matière première indispensable pour faire du beurre ».

En fin de compte, le socialisme ne remporte quelques succès dans les campagnes belges, que là où sont établies des industries agricoles, sucreries ou distilleries, qui permettent la culture intensive de la betterave, « ce légume révolutionnaire » par excellence, et nécessitent un groupement assez considérable de travailleurs paysans à côté d'ouvriers.

Cet estimable légume pousse aussi volontiers dans notre pays. Nous ignorons si les socialistes français lui accordent leur sympathie et s'ils pensent en voir sortir la révolution. En tout cas, jusqu'ici, pas plus que le blé ou la pomme de terre, il ne semble pas avoir donné de gages sérieux à leurs espérances. M. Vandervelde écrivait il y a quelques années (1) : « Longtemps confiné dans les villes, le socialisme contemple maintenant des horizons plus vastes, les *terræ incognitæ* des campagnes ». Il est à présumer que M. Vandervelde et ses amis de France, pendant longtemps encore, seront

(1) *Revue socialiste,* mars 1898, p. 328.

contraints de borner leur action à ce rôle purement contemplatif (1).

Si la République ne doit plus sortir des sabots du paysan français, le collectivisme ne semble pas près d'y entrer : ce sont deux faits également heureux. Le bloc compact des ruraux constitue aussi un élément politique de première importance. De même qu'ils ne cesseront de s'opposer aux entreprises réactionnaires et qu'ils ne permettront à quiconque de porter la main sur notre régime auquel ils sont profondément attachés, parce qu'il est leur œuvre et qu'ils en ont éprouvé les bienfaits, de même ils resteront le rempart de la société actuelle, contre lequel viendront se briser les assauts révolutionnaires, ils empêcheront la réalisation funeste de la théorie collectiviste. S'ils savent très bien que dans les deux hypothèses ils luttent pour la liberté, ils n'ignorent pas non plus qu'en repoussant le socialisme, ils défendent en même temps le bien-être général, l'existence même des citoyens, puisque la production agricole, qui satisfait aux besoins essentiels de l'homme, tomberait à rien. Primum vivere, deinde philosophari ;

(1) Les comptes-rendus de certains congrès socialistes mentionnent cependant la présence de quelques délégués agricoles. C'est ainsi qu'au congrès de Marseille, en 1892, le groupe des agriculteurs de Saint-Cézaire-les-Nîmes, le Syndicat des Cultivateurs de Lézignan, les Ouvriers travailleurs de la terre de la Motte d'Aveillan et de Maraussan se trouvent représentés. L'année suivante, au congrès national du parti ouvrier tenu à Paris, on remarque la présence de la « Revanche des campagnards de Lannoy », du « Réveil des ruraux », de la « Revanche de la campagne de Roncq ». Que la plupart de ces délégations aient été ou non fantaisistes, que ce soit ou non l'œuvre de quelque zélé propagandiste, elles semblent en tous cas n'avoir été là que par accident et s'y être d'ailleurs trouvées complètement dépaysées. Un membre du Congrès national des syndicats ouvriers, qui se tint à Nantes, en 1894, rapporte que pendant la discussion du principe de la grève générale, on vit « tout à coup, à ce moment solennel, entrer six cultivateurs, délégués de l'Union agricole de la Loire-Inférieure, qui se rangèrent sur un banc, en rang d'oignons, silencieux, attentifs, effarés. C'étaient des hommes approchant de la soixantaine et ils semblaient ahuris par le tumulte qui régnait autour d'eux. » — Au Congrès international de Londres, en 1896, le citoyen Lafargue annonça que la section française comprenait un « délégué phénoménal », le docteur Delon, car son mandat portait le sceau de la mairie d'une commune rurale du Gard. (V. à la bibliothèque du Musée social, Paris, 5, rue Las-Cases, les dossiers des divers Congrès socialistes).

les paysans de France souscrivent à l'ordre naturel de ces opérations. La science prétend que le problème des aliments est un problème chimique et qu'un jour viendra où on les fabriquera de toutes pièces, grâce à de savantes combinaisons de carbone emprunté à l'acide carbonique, d'hydrogène pris à l'eau, d'azote et d'oxygène tirés de l'atmosphère. Chacun emportera pour se nourrir sa petite tablette azotée, sa petite boule de matière grasse, accommodées à son goût personnel. Et tablettes et petites boules seront à la disposition de tous en extrême abondance. Alors, la question sociale sera résolue.

Jusque-là, nous espérons que les paysans ne se laisseront pas distraire de leurs féconds labeurs. Ils abandonneront à d'autres les aventures et les folles espérances, ils continueront à faire de la bonne besogne et peu de bruit, et ne cesseront pas d'être ce qu'ils sont, ce qu'ils étaient déjà au temps de Montaigne, qui trouvait « communément leurs propos plus ordonnés selon les prescriptions de la vraie philosophie que ne sont ceux des philosophes ».

* *

Est-ce à dire que notre pays soit à l'abri de tout danger?

« Les socialistes peuvent aller à la campagne, disait Thiers en 1848; derrière chaque motte de terre, ils trouveront un fusil ». Par bonheur, les paysans actuels ne les accueillent pas à coups de fusil; mais s'ils ne leur font pas non plus d'enthousiastes réceptions, on ne peut nier qu'il se produise un commencement d'infiltration socialiste à certains endroits, là surtout où les travailleurs agricoles sont en rapport constant avec les ouvriers industriels, comme les cultivateurs d'une partie du Cher et de l'Allier, intimement mêlés à la population minière. On se souvient aussi des grèves qui éclatèrent, il y a quelques années, parmi les bûcherons du Morvan et du Cher, et qui entraînèrent des manifestations violentes à

l'encontre de ceux qui voulaient continuer le travail.
« Il n'est plus permis, depuis la réunion de Fleurance,
de douter du mouvement des paysans, des cultivateurs
vers le socialisme, écrit M. Jaurès. Voilà une petite ville
proprette et coquette, où ne fume la cheminée d'aucune
grande usine ; avec ses jardins de pépiniéristes, ses vertes
avenues, ses fraîches arcades, elle semblait plutôt vouée
à une politique de repos qu'à la vigoureuse politique
des revendications sociales. C'est en ce centre pourtant
que des milliers de cultivateurs du sud-ouest sont venus
acclamer la Révolution sociale (1) ». Ils y sont venus,
selon lui, « parce qu'ils sont dégoûtés de la République
actuelle, sans idéal et sans grandeur, parce que les
représentants qu'ils se sont donnés jusqu'ici se sont toujours montrés impuissants à diminuer leur détresse
croissante et qu'ils ont compris que leur salut ne pouvait être opéré que par le parti socialiste. De là, cet
ébranlement de la démocratie paysanne, qui vient enfin
se ranger aux côtés de la démocratie ouvrière, autour du
même drapeau ».

Les collectivistes exagèrent certainement leurs succès.
Mais ceux-ci, pour être à peine perceptibles, n'en doivent pas moins attirer l'attention.

D'une façon générale, deux causes principales poussent
les travailleurs ruraux vers le socialisme : la grande propriété d'abord, et c'est le cas de l'Angleterre, la misère
ensuite, et c'est la raison des mouvements de paysans et
des désordres souvent très graves qui se sont produits en
Italie et en Espagne. Notre pays est à l'abri de ces éven-
tualités. Mais il traverse une crise agricole assez grave,
et il semble bien qu'il faille voir en elle la cause principale de ces quelques succès remportés par les collectivistes. Bien qu'elle atteigne surtout les grandes
exploitations, les petits propriétaires en souffrent un
peu, eux aussi ; leur vie devient plus difficile à mesure

(1) *La Dépêche*, 24 avril 1894.

que leurs besoins augmentent et ils s'ent plaignent. Cet
état de choses provient de causes très complexes et très
profondes, il est difficile d'y apporter un remède souverain. Mais une tendance naturelle pousse les hommes,
les campagnards surtout, à rendre responsables de
toutes leurs misères ceux qui les gouvernent. Le blé
n'atteint pas un prix élevé : c'est la faute des ministres
et des députés ; eux seuls sont la cause de tout le mal ;
certains vont même jusqu'à les accuser de faire tomber
la grêle et geler la vigne. Arrivent les élections, ils repro-
chent à leurs représentants d'avoir négligé les intérêts
dont ils avaient la garde, et mettent à le faire, d'autant
plus de vivacité et d'amertume qu'on leur avait fait plus
de promesses. Des hommes nouveaux se présentent ; ils
leur affirment que si l'on n'a pas guéri leurs maux, c'est
qu'on n'a pas voulu le faire et qu'ils en connaissent l'ori-
gine et les remèdes. Eux seuls leur ont d'ailleurs donné
des gages significatifs de sollicitude et de protection. N'est-
ce pas le parti socialiste, en effet, qui, lors de la conversion
des rentes quatre et demi pour cent, demanda que le
bénéfice de soixante-sept millions de francs en résultant,
fût consacré au dégrèvement de l'impôt foncier payé par
les petits propriétaires cultivant eux-mêmes leurs terres ? N'est-ce pas le parti socialiste aussi qui réclama le
monopole d'État pour l'importation des blés étrangers,
afin d'assurer aux petits exploitants des prix de vente
rémunérateurs ? Ces propositions ont été rejetées grâce à
l'opposition de ceux qui se disent leurs amis. C'était
cependant un premier soulagement apporté à leurs
maux. Triomphe le socialisme, ceux-ci s'évanouiraient
aussitôt.

Cette perspective séduisante n'est-elle pas de nature à
troubler le paysan ?

CONCLUSION

Il faut lui enlever la tentation de s'y laisser attirer.

La petite propriété a toujours été jusqu'ici le bastion le plus solide de la conservation sociale. Et c'est pourquoi dans les pays où elle n'existe pas, notamment en Angleterre et dans certaines provinces de la Prusse, les gouvernements se sont récemment efforcés de la développer par des lois appropriées.

La France a la bonne fortune d'être, par excellence, le pays de la petite propriété. Il est donc inutile de chercher à la multiplier. C'est vers l'amélioration de la condition des paysans propriétaires et des ouvriers agricoles, quels que soient actuellement ses avantages relatifs, que les efforts doivent tendre.

Aux uns et aux autres on ôtera de la sorte toute possibilité de plainte, et l'on empêchera que « la forteresse la plus imprenable de la société actuelle » ne se laisse ébranler.

Des comités de défense se sont constitués, qui s'efforcent d'éclairer les travailleurs ruraux sur leurs véritables intérêts. Il convient de faire autre chose qu'une ample distribution de tracts et de bonnes paroles. Il faut agir plus efficacement.

En vue de cette action, s'offre un merveilleux instrument: le syndicat mixte agricole.

Or, s'il s'est largement développé depuis la loi de 1884, il faut reconnaître que trop souvent, il n'a de mixte que le nom. Bien plus, non seulement on n'y rencontre pas d'ouvriers agricoles, mais la participation des petits propriétaires, des propriétaires parcellaires surtout, n'y est pas suffisamment complète. Il présente généralement l'aspect d'un groupement de grands et de moyens propriétaires, constitué dans le but très respectable de profiter des avantages de l'association appliquée aux domaines où l'effort isolé ne produirait pas d'aussi bons résultats: achats d'animaux reproducteurs, d'engrais, de machines, coopération dans l'industrie laitière, offices de vente, etc. Il faut que la propriété agricole à tous les degrés, si humbles soient-ils, bénéficie de plus en plus de tous ces avantages. Il faut surtout que le syndicat mixte devienne une réalité, c'est-à-dire que les ouvriers agricoles n'en restent pas éloignés.

On a quelquefois reproché aux syndicats agricoles d'être un instrument de politique conservatrice; la préoccupation essentielle des grands propriétaires qui les dirigent, serait d'entraver le progrès social; si le reproche a pu être mérité, nous ne pensons pas qu'il puisse être généralisé.

Le devoir, en tout cas, et l'ambition des chefs du mouvement syndical, après avoir si bien servi l'intérêt de ceux qui possèdent, doivent être non-seulement de tendre la main à ceux qui possèdent peu et à ceux qui ne possèdent pas, et de leur ouvrir largement les portes de leur maison, mais encore et surtout de faire en sorte qu'ils aient un intérêt sans cesse grandissant à y entrer, en fondant des institutions dont ils tirent profit, en développant largement les services qui sont surtout sensibles aux humbles, les coopératives de consommation, les retraites pour la vieillesse, l'assistance en cas de maladie et de chômage.

Ainsi compris, ce syndicat, où maîtres et ouvriers se

trouvent réunis sur un pied d'égalité, où la subordination humiliante de certains à d'autres est exclue, où les
classes se rapprochent et se fondent, où tous, au contact
les uns des autres, commencent ou bien parfont leur
éducation économique et sociale, non-seulement devient
un instrument de pacification, étouffant les haines qui
seraient tentées de s'élever, mais il agit encore à la façon
d'un puissant levier d'amélioration et d'émancipation
sociale.

La mutualité forme au-dessus de la famille ouvrière
« un dôme qui l'abrite contre les coups du sort. La
création d'un patrimoine collectif relève la dignité des
déshérités et leur permet l'accession de la propriété
privée. « Il ne s'agit plus seulement de tendre une main
secourable à des misères individuelles ou de suivre
l'appel confus de sentiments qui s'ignorent et d'aspira-
tions qui se cherchent. Non, la tâche est plus haute : il
s'agit de faire effort sur soi-même et sur les autres pour
s'améliorer et les améliorer selon des règles précises. Il
s'agit de se rendre utile aux autres non pour s'élever soi-
même, mais pour élever toute la société avec soi-
même et permettre à nos descendants une humanité
meilleure (1) ».

C'est en développant ainsi la mutualité sous ses formes
les plus riches et les plus variées, qu'on mènera le bon
combat contre le collectivisme. « L'association libre est
le contre-poison du collectivisme. Elle tuera l'association
forcée, car la contrainte vicie la solidarité dans son
principe (2) ». Et ce combat sera fécond; car le progrès
ne peut sortir de la contrainte; comme la destruction,
celle-ci est incapable de rien créer. « Les forces individuelles font mieux que s'additionner, elles se multi-

(1) Discours de M. Raiberti, au *Musée social* (19 juin 1898).
(2) M. Deschanel, *J. O.*, déb. parl., Ch. des dép., 1897, p. 1915.

plient. L'association libre produit mieux qu'une force
extérieure..., elle réagit sur les hommes qui la composent,
elle les transforme, elle les élève, elle les ennoblit. A la
formule aride de l'ancienne économie politique « la lutte
pour la vie », à la formule odieuse qu'on est venu apporter à cette tribune, « la lutte des classes, » l'association
libre répond « l'union pour la vie (1) ». — « La mutualité
élève l'esprit et élargit les cœurs, s'écriait M. Waldeck-
Rousseau, dans un admirable discours prononcé à l'occasion d'une fête récente (2); elle apprend aux hommes
à s'aimer et non plus à s'entredéchirer et à se haïr, et
comme la force des peuples vient de leur niveau moral,
les œuvres de mutualité rendront notre patrie plus forte
et plus glorieuse. » Ailleurs, il rendait à l'association
cet hommage éloquent : « C'est par elle que peut et que
doit être assurée l'harmonie des forces sociales et que se
réalisera progressivement et sûrement l'accession du
travail à la propriété. Nous ne rêvons pas de supprimer
la propriété, mais de la répandre et d'en faciliter la conquête. Il faudra, dans un avenir prochain, que le capital
travaille et, par une réciprocité certaine, que le travail
possède (3) ».

C'est vers ces réalisations généreuses que doivent
tendre sans cesse les efforts des privilégiés du sort. Car
les autres manquent d'initiative et de courage. Il faut les
persuader, les entraîner, leur servir de guide. A ceux
qui entreprennent cette tâche, l'opinion publique ne
doit pas ménager sa sympathie, l'État, ses encouragements et son appui.

Les socialistes proclament que la classe bourgeoise,
après avoir servi le progrès et justifié ainsi son existence,

(1) M. Deschanel, J. O., déb. parl., Ch. des dép., 1897, p, 1945.
(2) Fête des Associations mutuelles au Trocadéro (Paris, avril 1902).
(3) Conférence de M. Waldeck-Rousseau, à Roubaix (30 avril 1898).

a épuisé maintenant tous ses effets utiles et doit, par conséquent, disparaître en perdant sa puissance, comme les nobles ont perdu la leur autrefois. De là, ils concluent à l'opportunité de leur régime.

On peut soutenir raisonnablement, il est vrai, que la puissance des classes sociales se mesure aux services qu'elles rendent à la société. La classe bourgeoise possède une belle occasion de prouver qu'elle peut encore servir utilement le progrès et que son rôle de « condensateur d'énergie humaine, d'essayeuse de civilisation, » n'est pas encore achevé, ainsi qu'on le prétend. Et cette action sera la justification d'autant meilleure de ses soi-disant privilèges, qu'elle s'exercera pour l'unique profit des autres, en facilitant l'extension du bien-être et de la joie à ceux qui en sont privés, et qu'elle tendra sans cesse à une moindre inégalité des conditions, en élevant le niveau matériel et moral des classes inférieures, en les rapprochant de plus en plus d'elle-même, en leur faisant, à côté d'elle, une place toujours plus grande.

Peut-être, alors, aura-t-elle perdu sa raison d'être, et le rôle initiateur et civilisateur ⸺ classes dominantes sera-t-il à tout jamais fini.

Peut-être aussi, alors, la propriété privée jusque-là nécessaire, pourra-t-elle faire place à une nouvelle forme de propriété. Car, pas plus que la classe dominante actuelle, la propriété foncière privée n'a toujours existé. C'est l'élimination successive de la propriété de la tribu, du clan, de la famille qui lui a donné le jour; elle vieillira en même temps que les conditions actuelles de la production avec lesquelles elle est dans un rapport étroit et disparaîtra sans doute. Pas plus que les socialistes, nous ne voyons en elle une forme cristallisée et définitive. Comme eux, nous ne pensons pas que son évolution soit parvenue à un état stationnaire, au voisinage duquel

le développement économique serait condamné à oscil-
ler désormais. Seulement, si nous croyons qu'elle est un
mode transitoire, nous estimons aussi qu'elle se maintient et doit être maintenue, parce que c'est elle qui,
pour le moment, stimule le mieux la productivité et
s'adapte le moins imparfaitement à notre milieu économique et social.

Et lorsque les collectivistes affirment qu'elle est un
mode usé et que, comme toute catégorie historique qui
a fait son temps, elle doit céder sa place à une autre qui
serait la propriété collective, nous protestons, car ils ne
rapportent pas du tout la preuve qu'elle est au bout de
son développement, c'est-à-dire qu'elle ne répond plus
aux exigences de l'heure présente, et l'auraient-ils fait,
qu'ils ne démontrent pas en tout cas et ne pourraient
d'ailleurs démontrer que le collectivisme, qui est aux
antipodes de la propriété privée, dût la remplacer.

Car si nous admettons que l'évolution de la propriété
n'est pas arrivée à sa dernière étape, qu'elle continuera
sans doute sa marche dans le sens d'une solidarité toujours plus étroite et d'une moins grande inégalité entre
les hommes, nous ne croyons pas pour cela qu'on puisse
transformer radicalement la société d'un coup de ba-
guette. Les différents ordres de choses n'ont jamais con-
sisté qu'en des arrangements nouveaux de ce qui existait déjà. Il est dangereux de trop devancer l'évolution,
de vouloir l'engager dans une voie qu'elle n'est pas
disposée à prendre, ou simplement de précipiter sa
course. Elle ne procède pas par bonds successifs.

Mais de même que les révolutions cosmiques se sont
produites insensiblement par l'action constante des
forces ordinaires de la nature, ainsi les lois naturelles
qui gouvernent les phénomènes économiques, condui-
ront la propriété librement et peu à peu vers des formes

supérieures, feront la société sans cesse mieux ordonnée et toujours plus heureuse, à mesure que les perfection-nements techniques, la diffusion croissante des richesses amoindriront l'importance du rôle du capital et que l'éducation économique se développera, à mesure que les hommes acquerront une connaissance plus complète des nécessités de la production, une conception du droit plus élevée, des sentiments altruistes plus profonds et que l'intérêt personnel tendra sans cesse à se mettre en meilleure harmonie avec l'intérêt social.

TABLE DES MATIÈRES

TROISIÈME PARTIE

C'est à tort que les socialistes croient que l'évolution économique conduit à la socialisation rapide et fatale de la propriété agricole.

QUATRIÈME PARTIE

Dijon, Imp. Jacquot et Floret.

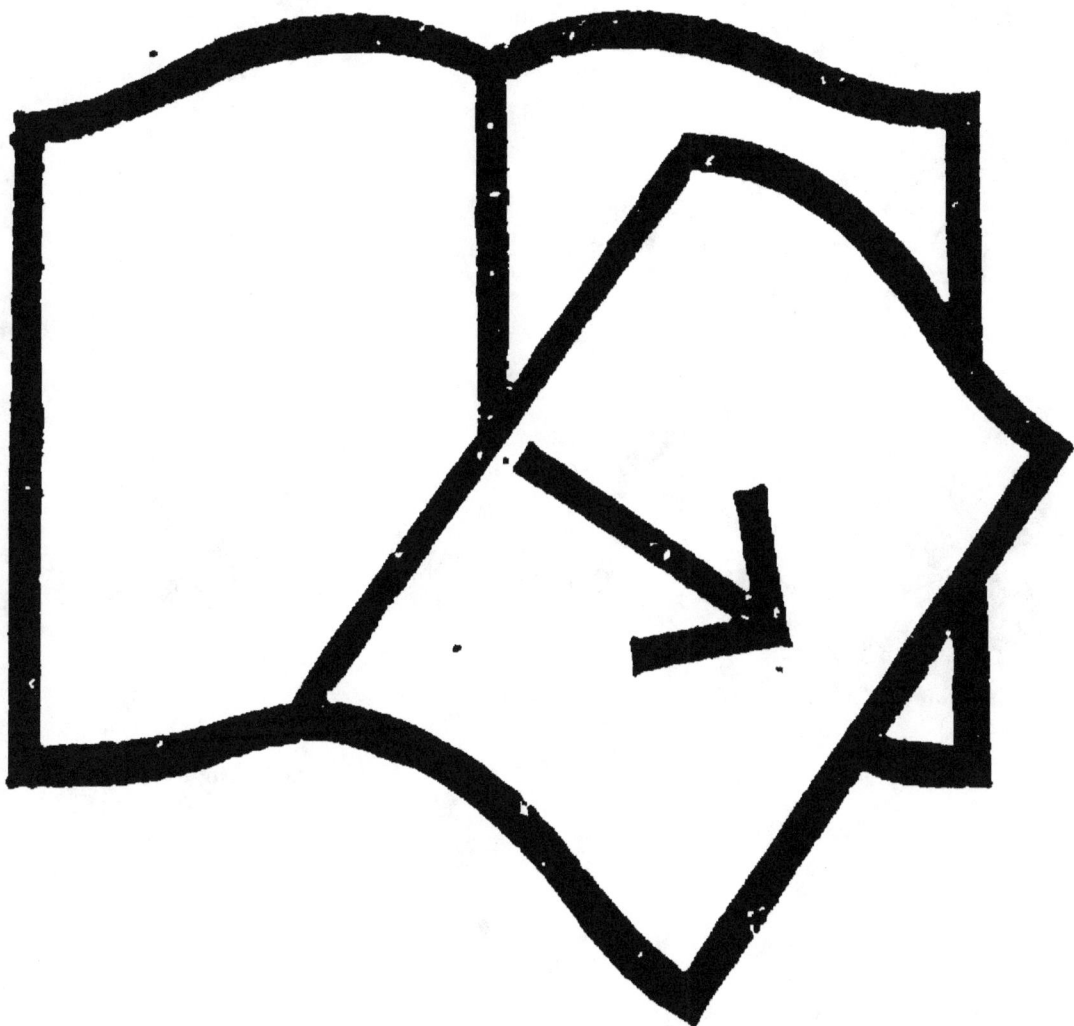

Documents manquants (pages, cahiers...)
NF Z 43-120-13

www.ingramcontent.com/pod-product-compliance
Lightning Source LLC
Chambersburg PA
CBHW061016280326
41935CB00009B/985

9 782011 259639